5년 안에
나도
건물주

5년 안에 나도 건물주

김순길 지음

가디언

머리말

오늘부터 당신은 예비 건물주

2015년, 첫 책 《나는 매일 부동산으로 출근한다》가 출간 3개월 만에 3쇄를 찍었다. 책을 읽고 느낀 바가 많다며 상담을 받으러 오는 분들도 많았다. 예상보다 좋은 반응이었고 그만큼 많은 분들에게 도움을 드릴 수 있어 기뻤다.

《나는 매일 부동산으로 출근한다》가 부동산을 보는 안목을 키워주는 책이라면, 이 책 《5년 안에 나도 건물주》는 그 안목을 바탕으로 건물주가 되는 방법을 알려주는 책이다. 5년 안에 건물주라니, 누군가는 말도 안 된다고 생각할지 모른다. 상담을 하다 보면 실제로 이렇게들 이야기한다.

"건물주요? 전 지금 5,000만 원밖에 없는데요."

"가진 돈이 1억 원뿐인데 5년 안에 어떻게 가능한가요?"

하지만 종잣돈이 적어도 얼마든지 건물주가 될 수 있다. 흔히 건물이라고 했을 때 떠올리는 대로변의 10층, 15층짜리 빌딩만 건물이 아니기 때문이다. 1층에 점포 하나, 2층과 3층은 주택인 3층짜리 상가주택도 건물이고, 그 건물의 주인이면 건물주다. 사전을 찾아보면 건물주란 다음과 같은 뜻으로 풀이된다.

건물주(landlord): (방·집·사무실 등을 빌려주는) 주인, 임대인, 임대 회사

방, 집, 사무실을 빌려주는 주인이라면 모두 건물주라고 할 수 있다. 겁먹을 필요도, 불가능하다고 포기할 이유도 없다. 63빌딩만 건물이고 123층짜리 롯데월드타워만 건물인가. 3층짜리, 5층짜리 상가주택도 건물이다.

건물도 상가주택만 고집할 필요가 없다. 단독주택이나 다세대주택 1층을 상가로, 주택을 학원이나 음식점으로 얼마든지 바꿀 수 있다. 이렇게 바꾸는 것이 생각보다 복잡하지도 않다.

오래된 다가구주택을 매입하여 리모델링을 하거나 재건축해서 원룸으로 바꾸거나 월세를 받는 건물로 만들 수 있다. 필자 역시 20년 된 다가구주택을 주변 시세보다 저렴하게 사서 잘 활용하다가 재건축하여 상가주택으로 만들었다. 그 과정을 예비 건물주인 독자들을 위하여 이 책에 상세히 설명했다. 또 필자 외에 5년 안에 건물주가 된 이들의 다양한 사례를 구체적으로 실었다.

건물주가 되려면 신축이나 리모델링하여 만든 아담한 상가주택

부터 시작해서 차츰 목표를 높여가면 된다. 크게 성공하는 사람은 여러 번의 작은 성공 경험을 축적한 이들이다. 작은 투자, 작은 부동산부터 투자해서 성공의 기쁨과 자신감을 느낄 필요가 있다.

당장 돈이 없다고 가만히 손 놓고 있어서는 곤란하다. 투자할 돈이 마련되면 그때부터는 그 돈을 활용하기 위해 집중해야지, 그제야 비로소 공부를 시작하려고 하면 늦다. 좋은 부동산에 투자하려면 통상 8개월에서 1년 정도는 걸린다. 2억 원 정도를 단기 예금에 넣어놓고 1~2년씩 부동산을 찾으러 다니는 사람들을 주변에서 많이 본다. 돈이 없어서 투자를 못하는 것이지 물건이 없어서 못하느냐고 생각하는 사람이 많지만, 천만의 말씀이다. 오히려 돈은 있는데 물건이 없는 경우가 많다.

감나무 밑에서 입 벌리고 서 있다고 감이 떨어져 입속으로 들어오지 않는다. 감나무를 흔들든지 감나무에 올라가든지 도구를 이용해 따든지 해야 감이 내 입으로 들어온다. 돈이 없다고 투자에 손 놓고 있을 게 아니라 차근차근 준비를 해야 한다. 지금이라도 늦지 않았다. 당신의 나이가 몇 살이든 중요하지 않다.

"나는 젊었을 때 정말 열심히 일했습니다. 그 결과 나는 실력을 인정받았고 존경받았습니다. 그 덕에 예순세 살에 당당한 은퇴를 할 수 있었지요. 그런데 지금 아흔다섯 번째 생일에 얼마나 후회의 눈물을 흘리는지 모릅니다. 내 65년의 생애는 자랑스럽고 떳떳했지만 이후

30년의 삶은 부끄럽고 후회되고 비통한 삶이었습니다.

　나는 퇴직 후 '이제 다 살았다. 남은 인생은 그냥 덤이다'라는 생각으로 그저 고통 없이 죽기만을 기다렸습니다. 30년의 시간은 지금 내 나이 95세로 보면 3분의 1에 해당하는 기나긴 시간입니다. 그때 나 스스로가 늙었다고, 뭔가를 시작하기엔 늦었다고 생각했던 것이 큰 잘못이었습니다.

　이제 나는 하고 싶었던 어학 공부를 시작하려 합니다. 그 이유는 단 한 가지, 10년 후 맞이하게 될 105번째 생일에 95세 때 왜 아무것도 시작하지 않았는지 후회하지 않기 위해서입니다."

- 어느 95세 노인의 수기에서

　당신도 지금부터 10년 후를 준비하라. 그리고 5년 안에 건물주가 되는 것을 목표로 하라.

　그런데 왜 5년일까? 5년은 260주, 1,825일, 4만 3,800시간, 262만 8,000분이다. 이 시간을 허투루 쓰지 않고 온 정성을 다할 때, 5년은 하나의 큰 목표를 이룰 수 있는 시간이다.

　미켈란젤로는 인류 최고의 작품을 완성하는 데에 5년이 걸렸다. 〈천지창조〉로 불리는 이 걸작은 1508년 교황 율리우스 2세에게 명을 받아 미켈란젤로가 시스티나 예배당 천장에 그린 창세기의 아홉 장면을 말한다. 미켈란젤로는 5년간의 작업 계획을 짜고 이에 따라 일을 진행해나갔다. 사람들의 출입을 통제하고 천장 밑에 세운 작업대에 앉아 고개를 뒤로 젖힌 채 천장에 그림을 그려나가는 고된 작업이었다. 이로 인해 목과 눈에 이상이 생기기도 했지만, 미켈란젤로는 모든 어려움을 극복하고 혼자서 5년 만에 이 대작을 완성했다.

셰익스피어가 4대 비극으로 불리는 〈햄릿〉, 〈리어왕〉, 〈맥베스〉, 〈오셀로〉를 완성하는 데 5년이 걸렸다. 콜럼버스가 신대륙을 발견하는 데 5년이 걸렸다. 김연아가 시니어 대회 첫 우승에서부터 올림픽 금메달을 목에 걸기까지 5년이 걸렸다. 과거 사법시험에 합격한 사람들의 평균 시험 준비 기간은 4.7년이었다. 창업 후 성공적으로 시장에 진입한 기업들은 모두 5년을 버틴 결과였다.

"지금도 늦지 않았다. 지금부터 5년 후의 모습을 마음껏 그려보라. 그 수많은 그림들 속에서 당신이 가장 간절하게 원하는 모습이 무엇인지 선택해보라. 그리고 오늘부터 그 모습을 얻기까지의 전략을 짜라. 5년 후 인생의 모든 것이 달라지는 프로젝트를 출범시켜라."

- 하우석, 《내 인생 5년 후》(다온북스, 2016)에서

생선을 싼 삼베에서는 생선 비린내가, 꽃을 싼 삼베에서는 꽃향기가 배어 나온다. 앞으로 길다면 길고 짧다면 짧은 시간인 5년은 260주, 1,825일, 4만 3,800시간, 262만 8,000분. 지금 여러분 앞에 주어진 시간이다. 이 시간을 어떻게 효과적으로 사용해서 우리가

가진 건물주의 꿈을 이룰 수 있을까? 5년 후 오늘 우리는 어떤 부동산을 가지고 있을 것인가? 5년 후 그 부동산은 내게 어떤 선물을 줄 것인가?

5년을 어떻게 보내느냐에 따라 당신 삶의 향기가 달라질 것이다. 당신의 얼굴에, 말과 행동에 그대로 배어날 것이다.

이 책을 쓰는 데 도움을 주신 모든 분들에게 감사드린다.

그리고 (주)마이베스트부동산자산관리를 함께하는 주주들과 사랑하는 가족 모두에게도 감사의 마음을 전한다.

김순길

차례

머리말 오늘부터 당신은 예비 건물주 • 004

CHAPTER 1
건물주가 되기 위한 첫걸음

01 관심을 갖고 사랑하라 018
　시집보내는 딸처럼 대하라 • 018
　가족을 사랑하면 부동산이 보인다 • 021
　오나건 TIP 부동산을 보는 5가지 방법 • 025

02 작은 투자부터 시작하라 028
　작은 성공이 큰 성공을 부른다 • 028
　작게 투자해도 돈은 부서지지 않는다 • 032

03 영원한 도시, 서울에 투자하라 034
　돈과 사람이 몰리는 곳에 기회가 있다 • 034

　　　　강남까지 30분 단축되면 30% 오른다 • 038

04 기피시설도 호재가 된다 042
　　　　가격이 저렴한 서울의 역세권 • 042
　　　　구치소 옆 아파트, 이사해야 할까 • 048
　　　　오나건 TIP 입지의 완성은 교통 • 051

05 흐름을 타고 투자하라 053
　　　　분위기에 거스르지 마라 • 053
　　　　시간이 돈이다 • 055
　　　　오나건 TIP 금리가 오르면 부동산은? • 058

06 예측이 아니라 팩트에 투자하라 059
　　　　모든 개발은 계획적이다 • 059
　　　　이주 수요 예측은 기술이다 • 065
　　　　재건축 아파트의 희극과 비극 • 069

CHAPTER 2
아파트 한 채 값으로 건물주 되기

01   변하는 곳에 투자하라 074
움직여야 부동산이다 • 074
두려우면 아무것도 못한다 • 079

02   목표가 분명한 투자를 하라 081
남는 대출, 사라지는 대출 • 081
손맛의 투자, 계획 투자 • 083
시작했다면 5년도 필요 없다 • 086

03   3억 원으로 월세 300만 원 받기 089
상업화되는 주택가를 노려라 • 089
1층부터 차근차근 사기 • 092
월세 이외의 부분을 봐야 하는 고시텔 • 096
오나건 TIP 내 건물로 상상해보기 • 102

04   월세도 받고 매매차익도 얻고 104
원하는 부동산 직접 짓기 • 104

상가주택을 지을 때 주의해야 할 것들 • 109

05 가성비 높은 주택 활용법 113
재개발 지역에 포함되지 않아도 상승한다 • 113
은행 돈으로 투자하기 • 118
공사, 준비부터 꼼꼼하게 • 121
공사 진행 어떻게 할까? • 122
오나건 TIP 신축 사업 진행 일정 • 128
오나건 TIP 주택의 종류와 차이 • 131
오나건 TIP 상담과 실천 사례 • 132

CHAPTER 3
돈 되는 부동산 고르는 법

01 투자의 흐름을 만드는 요인 142
역시 수요와 공급의 법칙 • 142
저평가된 부동산의 앞날 • 145
오나건 TIP 알아두면 좋은 대출 관련 정책 • 148

02 사람과 돈이 몰리는 곳이 어디인가 149
　　서울도시기본계획 핵심 지역 • 149
　　교통망이 신설되는 곳 • 155

03 살기 편한 곳에 투자하라 162
　　학교가 가까운 곳 • 162
　　대형 마트가 가까운 곳 • 164
　　공원이 가깝거나 한강이 보이는 곳 • 165
　　오나건 TIP 눈에 안 보인다면 아직 기회는 있다 • 168
　　오나건 TIP 매매계약서 작성 시 반드시 확인해야 할 점 • 169

04 부동산으로 출근하라 170
　　부동산은 배반하지 않는다 • 170
　　매일매일, 아침저녁으로 가보라 • 172
　　오나건 TIP 임대료, 얼마나 받을 수 있을까 • 175

05 돈이 없어도 당장 준비하라 177
　　가격의 변화를 미리 알 수 있다 • 177
　　직선보다 커브길 전략 • 179
　　오나건 TIP 세입자는 갑이다 • 182

06 부동산 투자, 그리고 세금 183
    부동산에 붙는 세금 • 184
    상가에 투자하면 수익보다 세금이 많다? • 186
    종합 사례로 살펴보는 부동산 세금 • 192
    다주택자가 현 정부 시기에 살아남으려면? • 195

부록
5년 안에 건물주 되는 알짜 정보

I.   서울 플랜 2030   202
II.   부산 플랜 2030   228
III. 경기도 플랜 2020   241
IV. 인천 플랜 2030   258

CHAPTER 1

건물주가 되기 위한 첫걸음

01
관심을 갖고 사랑하라

시집보내는 딸처럼 대하라

부동산 투자에 성공하려면 제일 먼저 해야 할 일이 부동산을 사랑하는 것이다. 사랑은 관심에서 시작된다. 사랑한다면서 그 사람에 대해 아는 것도 없고 관심도 없이 그저 사랑받기만을 바란다면 그게 과연 사랑일까. 내가 사는 집의 가치가 어느 정도이고 내가 사는 동네의 호재가 무엇인지 관심도 없으면서, 부동산으로 수익을 얻기만 바란다면 그건 터무니없는 욕심일 뿐이다.

　사랑은 노력이고 헌신이다. 노력하지 않고 헌신하지 않으면서 입으로만 사랑한다고 말해서는 상대를 내 사람으로 만들 수 없다. 부동산도 마찬가지다. 건물주가 되는 게 꿈이라고 아무리 말한들 헌신과 노력이 없다면 그 꿈이 이루어질까. 부동산에 대한 사랑은 내가 살고 있는 집에 관심을 갖고 매일 쓸고 닦는 노력에서부터 시작된다.

　15년 전, 규모가 큰 부동산 전문회사에서 소속 공인중개사로 상가주택만 전문으로 중개할 때의 일이다. 한 부부가 상가주택을 사고 싶다며 찾아왔다. 가격과 위치 등 부부가 원하는 조건에 맞는 것으로 대여섯 개의 물건을 골라 보여주었다. 조건에 가장 맞다 싶은 집만 보여주었는데도 부부는 좀처럼 결정을 하지 않았다. 그러다가 여섯 번째 집을 보러 갔을 때 안으로 들어서는 순간 아내가 남편의 손을 꼭 잡았다. 그 집은 깨끗하게 관리되어 있었고 너저분한 짐 없이 깔끔하게 정리되어 있었다. 주인의 애정이 곳곳에 스며들어 있는 집이었다.

　마음에 들어 하는 눈치가 역력해 가격을 조정해보겠다고 했고, 마침내 그 상가주택은 부부의 소유가 되었다. 오래된 상가주택임에도 불구하고 수월하게 매매가 되었다. 비슷한 조건이라면 집주인의 애정이 담긴 집, 깨끗하게 정리된 집이 잘 팔리는 것은 당연하다. 그래서 필자는 집을 팔려는 고객에게 이렇게 조언한다.

"집을 빨리 팔고 싶으세요? 그렇다면 집을 청소하고 짐을 정리하세요. 깨끗한 집이 잘 팔린답니다."

때로는 도배를 하고 페인트칠을 새로 하라고 조언하기도 한다.

어차피 짐이 빠지면 지저분한 집이나 깨끗한 집이나 똑같은데 무슨 상관인가 생각할 수도 있다. 하지만 집주인이 매일 쓸고 닦으며 애정을 갖고 관리한 집은 다르다. 그런 집이 사람의 마음을 움직인다.

집을 파는 것은 딸을 시집보내는 것과 다르지 않다. 어느 누가 사랑하는 딸을 헝클어진 머리에 지저분한 옷을 입혀 시집보내겠는가. 특히 상가주택은 상가와 달리 대부분 집주인이 거주하기 때문에 월세가 얼마나 잘 나오느냐 뿐 아니라 수도나 마루 등 집의 관리 상태가 중요하다.

부동산을 사랑해야 오랫동안 팔리지 않아 힘든 상황이 생기는 일을 막을 수 있다. 내놓자마자 팔리는 부동산, 순식간에 전세가 나가는 부동산은 시세보다 싸서도 아니고 특별한 옵션이 있어서도 아니다. 애정으로 가꾸었기 때문이다. 집은 손을 볼수록 고와진다. 부동산은 관리하면 할수록 가치가 높아진다. 유지 보수를 철저히 해서 내용연수를 늘리고, 건물 상태를 최상으로 유지하면 감가상각에 따른 가치 하락을 최소화할 수 있다.

부동산을 살 때도 마찬가지다. 주인의 애정이 깃든 부동산을 선택해야 이런저런 문제로 골치 아플 일이 덜 생긴다.

가족을 사랑하면 부동산이 보인다

사랑은 부족한 것을 알지만 상대방의 발전을 위해 노력하는 것이기도 하다. 완벽한 상대는 없다. 100% 만족스러운 상대도 없다. 나와 맞지 않는 부분도 있고 마음에 들지 않는 점도 있지만 이를 상쇄할 만한 장점과 가치가 있어서 사랑하는 것이다. 부동산 역시 100% 마음에 드는 물건은 없다. 80%만 만족해도 된다. 부족한 20%는 사랑하는 마음으로 가꿔나가면 된다.

연인이나 부부끼리 부딪치고 싸우는 건 상대방을 내 스타일로 만들려고 해서가 아닌가. 상대방의 장점과 단점을 있는 그대로 인정하고 수용할 때 서로 편해지지 않을까. 자주 쳐다보고 무엇이 필요한지 무엇이 부족한지 채워주는 게 사랑이다. 부동산도 사랑해주는 사람과 연을 맺는다.

부동산에 대한 사랑은 가족에 대한 사랑이기도 하다. 우리가 부동산에 투자하는 이유가 가족 때문이지 않은가. 좀더 나은 환경에서 아이들을 키우며 배우자와 행복하게 살고 싶은 마음에서 비롯된 것이다. 또 자녀에게 집 한 채는 물려줘야 살아가는 데 힘이 될 것이기에 우리는 집을 마련한다. 은퇴 이후 자녀에게 짐이 되고 싶지 않아, 노후에는 월세 나오는 건물 주인이 되고자 한다. 가족이 없다면 부동산이 다 무슨 소용이겠는가.

서울 강서구에 2층짜리 단독주택을 소유한 A씨가 있었다. 건물이 낡아 보수·관리 문제로 신경이 많이 쓰이고, 특히 주차로 인한 분쟁이 잦아 집을 팔았다. A씨는 단독주택을 판 돈으로 상가주택을 사기 위해 열심히 물건을 보러 다녔다.

그러던 어느 날, 아침 일찍부터 필자의 사무실 앞에서 기다리고 있던 A씨는 나를 보자마자 상기된 표정으로 말했다.

"드디어 마음에 드는 상가주택을 찾았습니다! 대표님이 오케이 하시면 바로 계약을 하려고 합니다. 마지막으로 한 번만 봐주십시오. 그동안 계속 물건을 보러 다녔지만 다들 비싸게만 달라고 하고…… 저도 이젠 지쳤습니다."

가보니 시장 안에 위치한 3층짜리 상가주택이었다. 1층은 24시간 연중무휴로 영업을 하는 순댓국집이었는데 20년 가까이 된 식당으로 손님이 끊이질 않았다. 2층은 세입자가 거주하고 3층에는 주인 노부부가 살고 있었다. 집주인이 연로하여 몸도 불편하고 관리도 힘들어 아파트로 이사를 갈 예정이라 집을 내놓았다고 했다. 일단 세입자 변동 위험이 적으니 월세는 안정적으로 나올 것 같았다. 그런데 한 가지 의문이 들었다.

"식당에서는 왜 안 사지요? 이런 경우 대부분 식당이 사는데요."

"다른 데 이미 건물이 있어서 안 산답니다."

"그래요? 그럼 제가 하라는 대로 사흘만 해보시고 결정하세요. 아침에 한 번, 저녁에 한 번 옥상에 올라가서 30분만 있다가 내려오세요."

"옥상에요? 왜요?"

"이유는 묻지 마시고 사흘만 그렇게 해보세요. 그런 다음 결정해도 늦지 않습니다."

"급매로 내놓은 거라 빨리 사야 한다는데요."

"급하다고 바늘허리에 실 매어 쓸 순 없지요. 여기 3층으로 이사하실 거지요?"

"네."

"그럼 꼭 제 말대로 해보세요."

A씨는 필자의 말대로 매일 아침저녁으로 옥상에 올라갔다. 이틀째까지는 내가 왜 이 짓을 하고 있나 싶었는데 사흘째 되던 날 비로소 이유를 알겠더라고 했다.

"이제야 알았습니다. 고기 삶는 냄새가 올라오는데 굉장히 역겹더라고요."

"혼자면 모를까 자제도 있고 부인도 있는데 그 냄새를 견디면서 어떻게 그 집에 사실 겁니까. 월세 수익보다 중요한 게 가족의 행복 아닐까요?"

이런 예가 의외로 많다. 전원주택을 보러 가서 아름다운 경치와 맑은 공기에 마음을 빼앗겨 덜컥 매매 계약을 한다. 그런데 막상 살아보면 이야기가 달라진다. 아침에 일어나면 바람결에 소똥 냄새가 실려 오고 저녁이면 모기가 극성을 부린다. 여름이면 무섭게 자라나는 잡초 뽑느라 고생, 겨울이면 마당에 쌓인 눈 치우느라 힘이 든다. 이런 상황이라면 가족의 행복에 악영향을 끼치기 쉽다. 여러 의미에서 부동산은 사랑이다.

    5년 안에 건물주가 되려는 당신이라면, 먼저 부동산을 사랑하라. 그래야 눈이 뜨이고 안목이 생기고 노력을 하게 된다. 사랑이야말로 당신의 꿈을 이루는 동력이다.

[오나건 TIP

부동산을 보는 5가지 방법]

❶ 넓게 보기

부동산 투자를 하려면 제일 먼저 지역을 선택해야 한다. 나무가 아니라 숲을 보는 것이다. 숲을 보는 가장 쉽고 빠른 방법은 지도 보기이다. 항상 지도 보기를 생활화해야 한다.

인터넷포털 지도를 활용하면 거리 재기, 로드뷰, 화면 캡처 등을 이용하여 현장에 가기 전에 미리 사전정보를 수집할 수 있다. 그것으로 지하철, 학교, 병원, 마트 등이 얼마나 가까운지, 주변 환경은 어떤지 개략적으로 파악한다.

❷ 현장에 출근해보기

직접 방문해보아야 한다. 지도에서 확인한 사실들이 맞는지, 실제 분위기는 어떤지, 낮에도 가보고 밤에도 가보자. 특히 상가는 아침과 저녁이 다르다. 부동산까지 갈 때는 여러 방법으로 가봐야 한다. 버스와 지하철을 이용해서도 가보고, 걸어서도 가보자. 자동차를 운전해서 가보면, 걸어갈 때는 몰랐던 차량의 일방통행도로와 유턴이 이루어지는 지점 등을 파악할 수 있다. 도착해서는 한참 동안 서서 부동산을 쳐다보자. 부동산 보는 눈이 밝아질 것이다.

❸ 내·외부 살펴보기

겉으로 보기에 아무리 그럴듯해도 막상 안에 들어가서 보면 실망하는 경우가 많다. 잘 관리하지 못했거나 구조가 안 좋은 경우이다. 예를 들면 주택 내부에 계단이 설치되어 있는 경우 난방비가 더 든다. 오래된 주택의 벽돌조 건물은 겨울이면 두꺼운 외투를 입고 지내도 난방비가 한 달에 50만 원 정도까지 나오는 경우가 있다. 또 밖에서 보면 특별할 것 없지만 내부는 수리를 잘해서 편리하게 되어 있는 경우도 있다. 들어가보지 않고는 알 수 없는 사항이다.

❹ 자세히 보기

등기부등본은 직접 발급받아 확인하자. 토지이용계획확인서도 발급받아 이용 제한 사항은 없는지, 도시계획시설에 포함되지는 않는지 등을 점검하자. 내가 구입한 부동산이 향후 신축할 때 가각전제로 인해 뒤로 물러나게 된다면 한두 평 손해가 날 수도 있다. 한 평에 2,000만 원 주고 매입한 부동산이라면 두 평만 손해나도 4,000만 원이 날아가는 것이다.

건축물관리대장도 확인해야 한다. 건물의 구조와 건축연도, 불법건축물의 유·무를 알 수 있다. 토지라면 인접한 토지와 닿은 경계, 면적, 지목 등도 중요하므로 토지대장과 지적도를 꼭 확인한다.

❺ 한 번 더 보기

돌다리도 두들겨보고 건너라고 했다. 작은 하자에도 수백만 원의 손해가 발생할 수 있다. 대수롭지 않아 보이는 부분도 꼼꼼히 확인하고 넘어가

자. 바로 옆에 붙어 있는 집이 굉장히 오래된 단독주택이라면, 신축할 때나 리모델링할 때 어려움이 있을 수 있으니 옆집 사람들의 성향도 살펴보아야 한다.

  누구든 언제든 부동산 투자를 하게 된다. 그때는 넓게 보고, 현장에 출근해서 보고, 자세히 보고, 마지막에는 한 번 더 보아야 한다. 그리고 어떠한 경우든 부동산 거래는 신중해야 한다.

02
작은 투자부터 시작하라

작은 성공이 큰 성공을 부른다

강의와 상담을 하면서 대부분의 사람들은 돈이 많아야 부동산 투자를 할 수 있다고 생각한다는 것을 알았다. 물론 맞는 말이다. 투자는 속된 말로 '돈 놓고 돈 먹기'이기 때문이다.

그렇다면 10억 원을 가지고 1억 원을 버는 것이 쉬울까, 1억 원을 가지고 1,000만 원을 버는 것이 쉬울까? 1억 원으로 1,000만 원을 버는 것이 더 쉽다. 이유인즉슨 10억 원으로 투자를 하려면 다각도로 검토하며 고민하느라 부동산 투자에서 가장 중요한 타이밍을 놓치기 십상이기 때문이다. 투자 금액이 커지면 그만큼 위험도 커질 수밖에 없다. 따라서 투자 경험이 적다면 위험 요소를 최대한 제거하고 실패를 줄이는 법부터 터득해야 한다. 즉 소액부터 시작하는 것이 좋다.

다시 A씨 이야기로 돌아가보자. A씨는 시장 안의 그 상가주택을 포기했다. 대신 내 조언에 따라 덩치가 작은 부동산에 투자를 해서 수익을 내는 방향으로 마음을 돌렸다.

"그 집은 시장 골목 안에 있어서 나중에 헐고 새로 짓기도 어렵습니다. 다른 물건을 찾아보도록 합시다."

"그동안 얼마나 많이 보러 다녔는데……, 더 찾아야 된다고요?"

"마음에 드는 상가주택을 찾는 데는 대개 8개월에서 1년의 시간이 걸립니다. 그러니 좋은 물건을 찾는 동안 작은 것에 투자해보면 어떨까요? 물건 찾는 동안 돈을 놀리느니 그 편이 좋겠습니다. 수익이 나면 그동안의 시간과 노력도 보상받고 자신감도 생길 테고요."

마침 마포구에 합당한 신축 다세대주택이 있었다. 방 2개짜리 8세대 가운데 한 세대로, 분양가는 1억 8,500만 원이었다. 합정역이 도보로 7분 거리에 있어서 교통이 편리한 편이었으며, 근방에 대우 푸르지오 오피스텔 분양을 앞두고 있는 상황이라 차후 부동산 가격의 상승을 예상할 수 있는 곳이었다. 그 오피스텔은 분양가가 높을 것으로 예상하고 있었는데, 실제로 분양가가 높거나 매매가 상승 시 그와 비슷한 경쟁상대인 원룸, 투룸이 같이 오르는 현상을 보이기 때문에, 가격 상승을 예상할 수 있었다. 그런 이유로 적극 매입을 권유했다.

분양을 받아 전세를 놓았는데 전세가가 1억 4,000만 원이라 실제 투자액은 4,500만 원이었다. 그 후 분양 예정이던 오피스텔은 큰 관심과 인기를 얻어 13.7:1의 경쟁률을 보이면서 전용면적 25.49㎡짜리가 2억 9,000만 원에 분양되었으며, 그 주변의 부동산 가격에 영향을 주었다. A씨는 이 집을 2년 후인 2017년에 2억 3,000만 원에 매도했다. 당시 신축 다세대주택을 매입할 때는 비과세 혜택이 주어져서 양도세도 내지 않았다. 2년 동안 4,500만 원을 투자해 4,500만 원의 수익을 낸 셈이다.

자신감을 얻은 A씨는 서초구와 강남구의 신축 다세대주택에도 투자했다. 서초구는 2억 9,000만 원에, 강남구는 2억 8,000만 원에 매입했는데 현재 모두 4,000만 원씩 올랐다. 이 두 곳에 전세를 끼고 투자했다가 지금은 자신의 돈과 대출받은 돈을 합쳐서 월세로 전환했다. 서초구에서 90만 원, 강남구에서 80만 원의 월세를 받으며 A씨는 다음 행보를 위해 투자클럽에서 열심히 공부 중이다.

부동산 투자자들 가운데는 다세대주택을 무시하는 사람들이 있다. 하지만 요즘 신축 다세대주택은 과거처럼 날림으로 짓지 않고

신축 다세대주택 내부

인테리어도 훌륭해서 수요가 적지 않다. 관리도 쉽고 향후 매매도 잘 된다. 매매가 대비 전세가가 높아서 적은 금액으로 투자가 가능하다는 것도 큰 장점이다. 수익률도 나쁘지 않다. 필자가 소개한 신축 다세대주택 가운데 4,000만 원을 투자해서 원금을 다 회수하고 4,000만 원의 수익을 내지 못한 물건이 없다. 그 이유는 다세대의 가격상승 요인과 지역 발전의 가능성을 보고 투자를 권유하기 때문이다.

어중간한 상가주택보다는 잘 지은 다세대주택이 나을 수 있다. 작은 투자로 조금씩 수익을 얻는 것도 좋은 방법이다. 그렇게 성공의 경험을 하고 자신감을 얻으며 건물주의 목표를 향해 나아가는 것이다.

작게 투자해도 돈은 부서지지 않는다

A씨처럼 적당한 상가주택을 찾지 못하는 고객에게 다세대주택 투자를 권유하면 많은 경우 이런 반응이 나온다.

"다세대주택을 사면 돈이 부서져서 나중에 건물 못 사는 거 아닙니까?"

건물에 투자하려고 준비해놓은 돈은 없어지는 게 아니라 다른 부동산으로 가는 것이고 돈을 불리는 것이다. 돈이 부서지는 것은 그 돈으로 자동차나 그 밖의 소비재를 구매하는 일에서 일어난다. 꼭 자동차를 사야 한다면 60개월 할부로 사는 게 좋다. 만약 4,000만 원 남짓한 자동차를 금리 3.3%로 구입한다면 5년간 총 370만 원의 이자만 내면 된다. 그래서 4,000만 원이 있다면 자동차를 살 게 아니라 부동산을 사야 한다. 3.3% 금리로 4,000만 원을 대출받는다 해도 20~30% 이상의 수익이 생기기 때문에 370만 원의 이자와 그 외 비용을 제외해도 많이 남는 장사다.

작은 투자는 건물주라는 우리의 목표로 향할 때 거치는 과정이지, 건물주의 꿈을 포기하는 것이 아니다. 또한 아무리 부동산 가격이 하락한다느니 부동산으로 돈을 버는 시대는 끝났다느니 해도 돈의 최종 목적지는 부동산이다. 가령 회사를 다니다가 창업을 해서 돈을 번다 치자. 그렇게 돈을 번 다음에는 어떻게 하는가? 모두 부동산에 투자한다.

우리나라에서는 기본적으로 부동산이 자산의 저장고 역할을 한다. 정부 정책에 따라, 또 경기에 따라 등락은 있지만 기본적으로, 특히 서울의 부동산 가격은 내리지 않는다. 한국인은 옛날부터 서울을 선호해왔다. 조선시대에도 사람들은 한양을 동경하고 한양에서 살고 싶어 했다. '말은 제주로 보내고 사람은 서울로 보내라'는 말이 괜히 있는 것이 아니다.

게다가 한국인은 부동산에 대한 애착과 소유욕이 크다. 대한민국 국민의 자산을 보면 60% 이상이 부동산이다. 그만큼 부동산은 모두의 관심 대상이고 부의 원천이다. 부자 치고 부동산이 없는 사람도 없다. 우리가 부동산에 투자해야 하는 이유다.

03
영원한 도시,
서울에 투자하라

돈과 사람이 몰리는 곳에 기회가 있다

대한민국은 도시에 사는 인구의 비중이 매우 높다. 홍콩·싱가포르와 같이 인구 전체가 도시에 거주하는 특별한 경우를 제외하면, 아시아·오세아니아에서 호주, 뉴질랜드, 요르단, 사우디아라비아에 이어 우리나라는 82.6%로 그 비중이 높다. 10명 중 8명 이상이 도시에 사는 셈이다. 이웃나라 일본은 도시 인구 비율이 66.5%, 베

국가통계포털(KOSIS)

(단위 %)

국가	2016년	2015년	2014년
싱가포르	100.0	100.0	100.0
홍콩	100.0	100.0	100.0
일본	93.9	93.5	93.0
호주	89.6	89.4	89.3
뉴질랜드	86.3	86.3	86.3
요르단	83.9	83.7	83.4
사우디아라비아	83.3	83.1	82.9
한국	82.6	82.5	82.4
말레이시아	75.4	74.7	74.0
터키	73.9	73.4	72.9
이라크	69.6	69.5	69.4
북한	61.0	60.9	60.7
중국	56.8	55.6	54.4
인도네시아	54.5	53.7	53.0
태국	51.5	50.4	49.2
베트남	34.2	33.6	33.0
인도	33.1	32.7	32.4

트남 34.2%, 중국은 56.8%다. 이웃나라 일본은 도시 인구 비율이 2009년 66.5%였다가 2016년 93.9%로 도시 집중화 현상이 생기면서 도시 외곽의 빈집 현상이 나타났다. 그러면서 초등학교가 폐교되는 일까지 벌어졌다.

하지만 일본의 사회 문제인 빈집은 1988년 394만 가구에서 2013년 820만 가구로 크게 증가했으나, 도쿄나 오사카 같은 도시에는

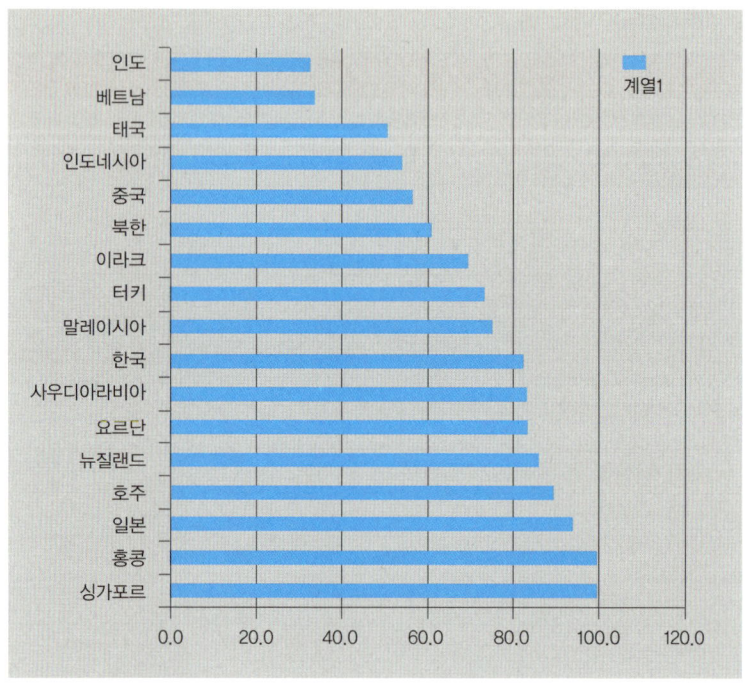

아시아 국가 도시 인구 비율

인구가 몰리면서 오히려 집값이 상승하고 있다. 게다가 대한민국은 사람들이 점점 더 도시로 몰리고 있다. 도시 인구 비율이 20여 년 만에 7.7%나 증가했다. 이런 도시 집중 현상은 앞으로 심화되면 되었지 완화되지는 않을 것으로 보인다. 이는 전 세계적인 추세이기도 하다.

    도시, 특히 대한민국 수도 서울에는 전체 인구의 40%가 모여 살고 있다. 해외 선진국은 평균 20%의 국민이 수도에 산다는데, 그에 비하면 서울은 2배나 높은 수치다. 말 그대로 서울에는 집과 건물이

2002년 12월~2017년 6월의 서울 집값 상승률

(단위 %)

지역	상승률	지역	상승률	지역	상승률
서초구	93.3	노원구	64.3	동대문구	44.5
강남구	84.7	동작구	63.4	은평구	43.7
영등포구	78.7	금천구	61.6	성북구	41.1
강동구	78.3	강서구	53.9	종로구	38.6
송파구	78.1	광진구	51.5	중구	37.0
용산구	72.0	구로구	50.1	강북구	36.4
성동구	71.6	관악구	49.2	도봉구	32.9
마포구	69.2	서대문구	47.0	양천구	67.1
중랑구	45.4				

(출처: 월간 kb국민은행 가격 동향)

빽빽하게 들어차 있다. 이런 인구 과밀 현상은 부동산이 없는 사람에게는 슬픈 현실이지만, 부동산이 있는 사람에게는 소유한 부동산의 가격이 계속 오른다는 의미이니 나쁘게 볼 수만은 없다.

공급이 수요를 따르지 못하면 가격이 오를 수밖에 없다. 부동산이 공급되려면 다세대주택은 최소 6개월, 아파트는 2년의 시간이 걸린다. 부동산 수요가 몰리면 가격이 급등할 수밖에 없는 구조다.

2002년 이후 15년간 서울의 집값은 계속 뛰었다. IMF와 금융위기 때를 제외하면 경제성장률 이상으로 올랐다.

그렇다면, 서울에는 왜 이토록 사람들이 몰리는가? 우리나라 부의 60~70%가 서울에서 만들어지기 때문이다. 많은 기업의 본사와 지사가 자리 잡고 있는 강남역에서 삼성역으로 이어지는 테헤란로, 금융기업이 밀집한 여의도, 공기업 등이 들어선 시청·광화문 등 우리나라의 핵심 지역이 모두 서울에 있다.

　최근 눈에 띄는 현상 하나는, 외국인 사무실들이 강남에서 광화문 쪽으로 옮겨가고 있다는 것이다. 고층빌딩이 밀집했을 뿐 특색 없는 강남보다는 오래된 왕궁이 있고 미술관이 있고 청계천이 있는 광화문 쪽에 더 매력을 느끼기 때문이다. 세계 어디에도 기업과 왕궁, 문화시설, 하천까지 다 갖춘 도심은 없다고 한다. 점심식사를 한 뒤 청계천을 산책하거나 미술관에 들러 그림을 감상하고, 고궁을 거닐다 다시 사무실로 들어가 일할 수 있는 환경의 도심이 또 있을까. '경희궁의 아침' 같은 광화문의 주상복합 아파트를 선호하고 주목하게 되는 이유이기도 하다. 서울은 점점 더 매력적인 투자처가 되어가고 있다.

강남까지 30분 단축되면 30% 오른다

대한민국의 경제는 서울, 특히 광화문·여의도·강남에서 이루어진다. 당연히 부동산 수요가 높고 가격도 높다. 따라서 이들 지역이 최고의 투자처이다. 하지만 이 지역에 투자하기 힘들다면 이곳과 접근성이 높아지는 곳에 투자하는 것이 좋다. 가령 강남까지 가는 데 1시간 걸리던 곳이 지하철이나 도로 개통으로 인해 30분으로 단축된다면 아주 훌륭한 투자처가 된다. 그런 곳은 부동산 가격이 통

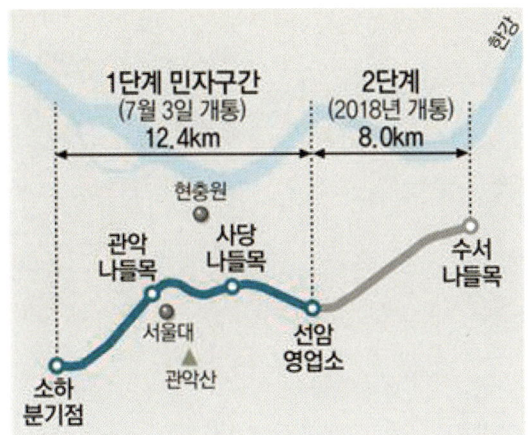

강남순환도로 민자구간
노선도

상 20~30% 정도 상승하기 때문이다.

일례로 금천구는 서울에서 부동산 가격이 저렴한 지역에 속했다. 그런데 최근 강남순환도로 개통으로 강남으로 접근하는 시간이 30분 단축되면서 부동산 가격이 20% 이상 상승했다. 상승률은 61.6%로 상당히 높다.

강남순환도로는 2007년 7월 금천영업소부터 착공했으며, 경기도 광명시 소하동과 안양시 석수동의 경계에 있고 경수산업도로(1번 국도)와 접해 있다. 강남순환도로의 완공으로 이제 금천구에서 강남구까지 자동차로 30여 분밖에 걸리지 않는다.

경기도 하남시의 미사강변지구 역시 부동산 가격이 상승한 지역이다. 미사리 조정경기장, 한강시민공원 등 뛰어난 자연환경 외에 대형 병원과 쇼핑센터, 그리고 각종 편의시설이 가까운 것이 매

하남선(상일~검단선) 복선전철 기본계획 노선도

우 큰 장점이다. 또 올림픽대로와 서울외곽순환도로 등으로 연결되어 교통이 편리한 데다, 앞으로 강남에 대한 접근성이 훨씬 좋아질 전망이기 때문에 부동산 가격의 상승은 당연한 결과이다. 2019~2020년 지하철 5호선·9호선의 연장선이 개통되면 강남까지 지하철로 빠르고 쉽게 접근할 수 있다. 앞으로도 지하철 개통은 이 지역의 가격 상승에 가장 큰 역할을 할 것이다.

 강의나 상담 때 늘 받는 질문 가운데 하나가 부동산을 언제 매수하고 언제 매도해야 하느냐는 것이다. 답은 호재에 있다. 호재가 발표되기 전, 가격이 저렴할 때 매수해서 호재가 실현되어 가격이 올랐을 때 매도하면 된다. 싸게 사서 비싸게 파는 것, 그것이 투자의 비결이다.

 부동산의 가장 큰 호재는 교통으로, 도심업무구역(CBD, central business district), 강남업무구역(GBD, gangnam business district), 여의도업무구역(YBD, yeouido business district)에 대한 접근성이 좋아지는 것이다.

 그렇다면 호재를 어떻게 미리 알 수 있을까? 매우 간단하고 쉬운 방법이 있다. 그 방법은 차차 소개하기로 한다.

04
기피시설도 호재가 된다

가격이 저렴한 서울의 역세권

몇 년 전 이데일리에서 부동산 투자 관련 방송을 할 때였다. 방송을 위해 2년간 광흥창역을 지나 서강대교를 넘어 여의도 증권거래소 앞까지 운전을 해서 다녔다. 그러던 어느 날 신호를 기다리면서 차창 밖을 무심코 바라보다가 깜짝 놀랐다. 광흥창역 5번 출구 앞에 고물상이 있는 게 아닌가. 지하철역 코앞에 너저분한 고물이 잔

광흥창역 5번 출구 고물상이 있던 자리에 새 건물이 들어섰다.

뜩 쌓인 가게가 있다는 게 충격이었고, 필자가 그 길을 한두 번 다 닌 것도 아닌데 처음 발견했다는 것 또한 충격이었다.

몇 시간 후 방송을 마치고 돌아오면서 광흥창역 근처에 차를 세 우고 걸어 다녀보았다. 역 근처에는 그 고물상 말고도 서너 개의 고 물상이 더 있었다. 대한민국 수도 서울의 역세권과는 도무지 어울 리지 않는 모습이었다. 참으로 이상하지 않은가. 왜 그 자리에 건물 이 아니라 고물상이 떡하니 자리를 차지하고 있는지.

알고 보니 광흥창역은 입지적 한계가 있었다. 광흥창역에서 여의 도까지는 자동차로 고작 10분 거리이다. 하지만 여의도역은 5호선 과 9호선이 통과하는 지역이라 6호선이 지나가는 광흥창역에서 바 로 접근할 수가 없었다. 대중교통 가운데 선호도가 가장 높은 수단 은 지하철이다. 따라서 여의도권에서는 광흥창역의 선호도가 떨어

지금도 광흥창역 6번 출구에는 고물상이 있다. 네이버 지도

질 수밖에 없었다. 신촌역 역시 거리는 매우 가깝지만 2호선이라 바로 접근할 수가 없었다. 한 마디로 광흥창역은 지하철 사각지대였다. 이러한 교통의 불편함, 입지의 한계 때문에 개발 압력을 덜 받았던 것이다.

그런데 이곳에 경전철이 들어설 예정이다. 서울시 경전철 가운데 서부선 경전철은 새절역에서 장승배기역까지 연결되는데, 경전철 가운데 유일하게 한강을 넘어 여의도로 진입한다. 따라서 서부선 경전철이 지나가는 역세권은 많은 이들의 직장이 있는 여의도로 바로 가기 때문에 모두 수혜를 입고 가격 상승이 기대되는 곳이다. 그 중 광흥창역은 서부선 경전철로 갈아타는 환승역이 될 예정이었다. 그것은 교통 불편이 해소된다는 의미였다. 교통이 좋아진다는 것은 곧 부동산 가격이 상승할 것임을 알리는 신호이고, 그 지역은 아직 저평가되어 있다는 뜻이다.

현재는 고물상이 있던 자리에 새 건물이 들어섰고, 광흥창역 주변에 생긴 100세대가량의 오피스텔은 모두 분양되어서 여의도 직장인들이 대거 입주해 있다. 이곳은 아직 경전철이 들어서지 않았기에 가격 상승이 더욱 기대된다.

도무지 어울리지 않는 모습을 한 지하철역이 서울에 한 군데 더 있다. 바로 디지털미디어시티역이다. 이곳은 6호선, 인천공항철도, 경의중앙선, 세 개의 노선이 지나가는 트리플 역세권이다. 그런데 4번 출구로 나오면 왼쪽으로 가스충전소, 오른쪽으로는 서대문구 청소차 하

현재 광흥창역 6번 출구 앞에 있는 고물상

트리플 역세권인 디지털미디어시티역

디지털미디어시티역 주변. 네이버 지도

치장이 있다. 6번 출구로 나오면 은평 빗물펌프장이다.

2번 출구로 나오면 2만㎡가 넘는 넓은 땅이 잡초만 무성한 채 버려져 있다. 흉물이 되어버린 이 땅은 롯데복합쇼핑몰이 들어설 자리인데 수년째 공사가 진행되지 않고 있다. 골목 상권을 위협한다며 반대하는 인근 시장 상인들과 분쟁이 해결되지 못했기 때문이다. 서울시 정책에 따르면 대형 쇼핑몰은 골목 상권과 합의가 되어야 건축 허가를 받을 수 있다.

이런 환경 때문에 디지털미디어시티역은 다른 역세권보다 부동산 가격이 저렴하다. 자이 아파트는 지하에 이마트가 있다는 큰 장점에 비하면 가격이 싸다.

출구에서 나오자마자 이런 모습이 펼쳐지는 역세권은 서울에 없다. 주변에 어울리지 않는 시설은 이전될 수밖에 없고, 이는 부동산 가격 상승을 의미한다. 디지털미디어시티역에서 수색역에 이르는 지역은 앞으로 가격 상승이 크게 일어날 것이다. 수색역 국방대학교 맞은편의 재건축 아파트인 롯데캐슬 분양이 그 시작이다.

수색도 전망이 좋은 지역이다. 수색 차량기지 이전 계획이 있고, 바로 옆 경기도 고양시 향동이 인기가 좋아 가격이 크게 올라가고 있다. 인접한 수색 역시 당연히 상승할 것이다. 서울의 끄트머리라 저평가되었던 수색이 뜨기 시작하고 있다.

필자가 부동산을 볼 때 가장 먼저 보는 것은, 짐 로저스의 투자원칙 중 하나이기도 한 바로 이것이다.

"저평가된, 하지만 긍정적인 변화가 일어나는 곳에 주목하라
(Focus on, cheap but positive change)."

요는, 서울이라는 도시에 어울리지 않는 시설은 진흙 속의 진주나 마찬가지라는 뜻이다. 다른 곳보다 저렴하고 개발 여지가 많다. 역세권 앞 고물상, 쓰레기차 하치장이 계속 그 자리에 있을까? 매연을 뿜어내서 근처 주민의 건강을 위협하는 버스 차고지가 그 자리에 계속 있을 수 있을까? 이전과 개발 압력을 받을 수밖에 없다. 부동산 투자자라면 기피시설이라고 해서 무조건 꺼릴 일이 아니다. 저렴할 때 미리 확보해놓으면 개발되었을 때 상당한 수익을 얻을 수 있다.

구치소 옆 아파트, 이사해야 할까

몇 년 전 어느 주부가 상담을 청해왔다. 5호선 개롱역(오금역과 거여역 사이) 근처 래미안 파크팰리스 아파트에 살고 있는데 집을 팔아도 될지 물었다. 아이가 초등학교에 들어갈 나이가 되었는데 집 근처 학교에 보내기 싫어 이사를 가고 싶다는 것이다.

"왜 그 학교에 보내기 싫습니까?"

"학교가 성동구치소 바로 옆이거든요. 교육상 좋지 않을 것 같아 못 보내겠습니다. 이 집을 산 지 꽤 되었는데 그동안 가격도 안 올랐고요. 그래서 아이 입학 전에 이사를 가고 싶은데 지금 팔아도 될까요?"

그 초등학교는 래미안 파크팰리스와 가까워서 통학하기는 매우 좋지만, 성동구치소와 담장 하나를 사이에 두고 있어 이미지가 썩 좋지 않았다. 어린 자녀를 둔 부모라면 당연히 내키지 않을 터였다.

동그라미 친 곳이 성동구치소. 네이버 지도

하지만 필자의 대답은 이랬다.

"팔지 마세요."

"왜요?"

"지금 매도하면 손해를 많이 보실 테니까요. 혹시 사시는 동네의 호재를 아십니까?"

"아니요."

"본인이 살고 있는 동네에 어떤 호재가 있는지 관심도 없으면서 어떻게 아파트를 팔려고 하십니까? 성동구치소가 조만간 이전합니다."

축구장 12개에 달하는 면적의 구치소가 이전하면 그 자리에는 상업시설이나 공원 등이 들어서고 주변 부동산 가격은 오를 수밖에 없다.

성동구치소는 2017년 문정동으로 이전했다. 이름도 서울동부구치소로 바뀌었다. 그렇다면 문정동 부동산은 가격이 하락했을까? 아니, 오히려 큰 폭으로 상승했다. 서울 동부법원과 동부지검 옆에 건립되었기 때문이다. 지자체에서 서로 유치하려 드는 선호시설인 법원과 검찰청, 그리고 주민 기피시설인 구치소가 어우러져 법조타운을 이룬 것이다.

법조타운이 들어서면 변호사사무실, 법무사사무실, 음식점 등이 생기면서 상권이 형성된다. 주변의 부동산 가치가 상승할 수밖에 없다.

기피시설이라고 무조선 피할 게 아니라 반길 만한 시설이 아닌지 판단해야 하지 않을까. 기피시설은 이전하는 것이 추세이며, 문정동 법조타운처럼 상생할 수 있는 방향으로 변화할 전망이기 때문이다.

[**오나건 TIP**]

입지의 완성은 교통

역세권은 비슷한 조건의 비역세권보다 적게는 수천만 원, 많게는 1억 원 이상의 가격 차이가 난다. 서울의 역세권이라면 마다할 필요가 없는 조건이다. 하지만 자금의 여력이 없다면 수도권에 투자하는 것도 괜찮다.

수도권고속철도(GTX)와 구리~포천 간 민자고속도로가 지나가는 의정부, 경춘선 별내역과 신내역, 수서에서 동탄을 지나 평택까지 이어지는 KTX 노선 지역도 눈여겨볼 만하다.

수도권고속철도(GTX)

수도권 외곽에서 서울 도심의 주요 거점을 연결하는 급행철도를 말하며, 수도권 광역급행철도라고도 한다. 지하 40m 이하에 터널을 건설하여 노

12월에 개통되는 평택~수서 수도권고속철도, 경기평택항만공사

CHAPTER 1 건물주가 되기 위한 첫걸음 051

선을 직선화함으로써 표정속도(정차시간을 감안한 평균속도) 시속 100km, 최고 시속 200km로 운행하게 되어 기존의 전철보다 3배 이상 빠르다. A(파주~동탄), B(남양주~송도), C(의정부~금정) 3개 노선을 건설하며, 운행 거리는 총 211km이다.

수서발 고속철도(SRT)

2016년 12월에 개통된 수서발 고속열차는 시속 300km로 빠르게 달릴 수 있어 SRT(Super Rapid Train)라는 이름이 붙여졌다. 수서~부산(약 2시간 10분 소요), 수서~목포(약 1시간 50분 소요) 구간에서 운행이 되는 SRT는 경부고속선, 호남고속선으로 구분한다. 수서역, 동탄역, 지제역을 거치며 두 노선 모두 오송역을 지나 방향이 달라진다.

분위기에 거스르지 마라

부동산 투자는 안전한 투자인가, 아니면 손 떨리는 위험한 투자인가? 지난 20년간의 부동산 현장 경험으로 보면, 부동산 투자는 손 떨리는 투자라기보다는 시간과 치르는 싸움이다. 시간을 견딜 수 있다면 결코 위험하지 않다.

B씨는 8세대로 이루어진 다세대주택을 지어 분양하기로 했다.

집을 짓는 데는 땅값 9억 원과 건축비 5억 원을 더해 14억 원이 필요했다. 한 세대당 2억 원에 분양하면 총 16억 원이므로 차액 2억 원을 수익으로 보고 투자를 결정했다.

B씨는 자신의 돈 2억 원과 은행에서 대출받은 돈, 그리고 지인들에게 투자를 받아 14억 원을 충당했다. 공사가 시작되고, B씨는 현장을 수시로 드나들면서 자재며 인테리어까지 공사에 관여하며 신경을 썼다. 그렇게 6개월이 지나 신축 다세대주택이 탄생했다. 외관이나 내부 모두 B씨의 마음에 쏙 들었다. 입지도 나쁘지 않았다. 누구나 들어와 살고 싶을 만한 집이었다. 이제 중개업소에 내놓기만 하면 8세대 전부 금세 분양될 것이었다.

그러나 예상은 빗나갔다. 도무지 분양이 안 되었다. 시장 분위기가 좋지 않았던 것이다. 인구절벽론의 대두와 함께 일본처럼 부동산 거품이 곧 꺼질 것이다. 집 사서 돈 버는 시대는 끝났다, 아파트 사봐야 대출 이자만큼도 오르지 않아 손해본다 하는 주장 들이 힘을 얻을 때였다.

부동산 전문가, 경제 전문가라는 이들이 언론에 나와서, 또 책을 써서 이런 이야기들을 했다. '재개발의 문제점', '수익률의 함정', '오피스텔 과잉 공급' 같은 제목을 단 기사들이 쏟아져 나왔다. 그렇게 부동산 시장은 싸늘하게 식어갔다.

B씨가 다세대주택을 분양하는 시점에 이런 분위기가 사회적 현상이 되어버린 것이다. 당연히 분양이 안 된다. 부동산은 언론과 매

우 밀접한 관계가 있다. 국가의 정책보다 언론의 뉴스가 시장에 작용하는 힘이 더 크다는 사실을 현장에 오래 있어보면 느낄 수 있다.

　대출 이자를 갚아나가느라 허리가 휘고, 각종 세금과 공실로 인해 생기는 공과금도 부담스럽고, 단기간에 투자금을 회수하려는 투자자들의 압박에 시달리느라 B씨는 하루하루가 고통이었다. 6개월 후 결국 분양을 포기할 수밖에 없었다. B씨는 1억 5,000만 원의 전세보증금을 받고 세입자들을 들였다. 전세를 주면 분양은 물 건너간 일이 된다. 누구나 새 집을 원한다. 2년이 지난 집을 분양받으려는 사람은 없다. 그러나 더 이상 버틸 재간이 없었다.

　결국 4억 원의 투자금이 회수되지 않은 것이다. B씨의 돈 2억 원은 허공으로 날아가고, 투자자들의 수익을 맞춰주기 위해 2억 원의 빚을 졌다. 6개월 만에 4억 원을 잃은 꼴이었다.

　6개월에 4억 원은 하루에 220만 원씩 쓸 수 있는 돈이다. 매일 220만 원씩 소비한다면 그야말로 황제처럼 살 수 있는데, 그 돈을 써보기는커녕 몸 고생 마음고생만 하고 결국 빚만 남았다.

시간이 돈이다

경제적으로 힘든 상황에 놓인 B씨는 결국 집을 팔 수밖에 없었다. 14억 원을 들여 지은 집을 13억 원에 매도했다. 원통한 일이었다.

반면 B씨로부터 물건을 매입한 C씨는 행운아였다. 전세 12억 원이 들어가 있으니 1억 원으로 신축한 지 1년 된 깨끗한 다세대주택을 소유하게 된 것이다. 그리고 다시 1년 후에는 매도를 했다.

매매가는 세대당 2억 2,000만~3,000만 원, 전세가는 2억 원이었다. 1년 동안 1억 원을 투자해서 3억 원 가까이 수익을 낸 셈이다. 신축한 지 불과 2년 만에 시장 분위기가 완전히 바뀌었다. 매매가 수월하게 이루어졌다.

부의 여신은 힘들게 집을 지은 사람에게는 고통을, 다 지어진 집을 적은 금액을 들여 산 사람에게는 부를 안겨주었다. 부의 여신의 다른 이름은 '시간'이다. 부동산은 타이밍이라고 하지 않던가. 내가 어떤 타이밍에 있는지에 따라 투자 여부를 결정해야 한다. 적절한 타이밍을 기다릴 수 있어야 한다.

하지만 시간은 돈이라 돈이 없는 사람에게는 타이밍을 기다리며 버티기가 쉽지 않다. B씨도 대출이 없고 여유자금이 있었더라면 전세를 월세로 전환해 임대 수익을 얻으며 기다리다가 좋은 시기에 매도할 수 있었을 것이다. 이자 부담과 심리적 압박이 없었더라면, 지금 분위기가 좋지 않으니 기다려 달라고 투자자들을 설득할 수도 있었을 것이다. 시간과 겨룬 싸움에서 버티는 힘이 필요한데 빚이 있는 사람은 못 버틴다.

부동산 투자를 할 때는 부동산 시장의 흐름을 살펴보아야 한다.

시장을 볼 줄 아는 눈이 있어야 한다. 그래서 공부가 필요하다. 지금 투자할 돈이 없다고 손 놓고 있을 게 아니라 당장 부동산 공부를 시작해야 하는 이유다.

일단 관련 서적을 읽고, 매일 아침 경제 기사를 읽는 것으로 시작하라. 책이 출간되기까지는 최소한 몇 개월의 시간이 걸리기 때문에 실시간으로 변하는 경제 흐름은 파악하기 힘들다. 경제 기사를 읽으며 현재의 흐름을 파악하는 것이 좋다. 가령 '도시형생활주택 투자하기' 같은 책이 서점에 여러 종류 나와 있다면, 도시형생활주택 투자는 이미 시장에서 끝나가는 시점이라고 봐야 한다. 따라서 부동산을 보는 안목을 키워주는 책이나 투자의 기본을 알려주는 책을 선택하면 된다.

오나건 TIP
금리가 오르면 부동산은?

기준 금리 조정은 경제를 컨트롤하는 주된 국가 정책이다. 경기가 좋지 않아 시중에 통화량이 줄어들면 기준금리를 내려 통화량을 늘리고, 경기가 과열되면 인플레이션을 막기 위해 기준금리를 올려 통화량을 줄인다.

2017년 11월 기준금리가 1.25%에서 1.5%로 올랐다. 12월에 미국 기준금리 인상이 기정사실화되어 있었기 때문일 것이다. 미국보다 기준금리가 낮으면 외화 유출 등 경제에 나쁜 영향을 미친다.

미국은 예상대로 12월에 기준금리를 1.5%로 인상했다. 그리고 지속적으로 인상될 것이라는 전망이 우세하다. 그렇다면 기준금리 인상이 부동산에는 어떤 영향을 미칠까?

우선 대출금리가 상승하니 이자 부담이 커질 것이다. 이자를 감당하지 못하는 이들의 부동산은 경매로 넘어갈 것이고, 이는 공급 증가 효과를 가져올 것이다. 또한 대출 이자 부담으로 인해 수요는 감소할 것이다.

그러므로 금리가 오르면 부동산 가격이 떨어질까? 단순히 생각하면 그럴 것 같다. 그런데 세상에는 대출을 받아서 부동산을 사는 사람만 있는 것이 아니다. 대출을 받아야만 부동산을 살 수 있는 사람이 80%라면, 대출을 안 받아도 돈이 넘쳐나는 사람이 20%이다. 이 20%가 이 세상 부의 80%를 차지하고 있다.

금리가 올라갈수록 그들의 자산은 증가한다. 넘쳐나는 돈을 가족이나 친인척 명의로 다시 부동산에 투자한다. 부동산이 가장 안전한 자산이라는 사실을 경험으로 알고 있기 때문이다.

06 예측이 아니라 팩트에 투자하라

모든 개발은 계획적이다

친구가 부동산 투자를 해서 큰 수익을 냈다고 이야기한다. 그래서 나도 부동산에 투자를 했다고 한다면, 그때는 이미 가격이 오른 부동산을 사는 것이다. 계속 오르는 부동산이 아니라 호재가 반영된 부동산이라면 친구만큼 수익을 내는 것이 만만치 않은 일이다. 남보다 한발 먼저 사야지 남들과 똑같이 사거나 한발 뒤에 사는 것은

별 의미가 없다.

그렇다고 너무 앞서가면 곤란하다. 재개발이 될 거라는 소문, 뉴타운이 들어설 거라는 카더라 통신, 진위가 불분명한 정보를 믿고 남들보다 먼저 투자한다고 움직이면 낭패를 보기 십상이다. 소문이나 예측이 아니라 팩트에 투자해야 한다.

여기서 팩트란 국가나 지방 정부의 개발 계획을 뜻한다. 앞에서 호재를 미리 아는 간단하고 쉬운 방법이 있다고 언급했는데, 바로 이것이다.

대한민국처럼 인구는 많고 땅은 작은 나라에서 국토를 마음대로 개발하고 이용한다면 무척 혼란스러울 것이다. 그래서 국가에서는 계획을 세워 각 지역별로 이용하는 방법을 정한다. 특히 인구가 집중된 도시는 훨씬 상세하게 지역을 구분해서 이용 방법을 정한다.

이처럼 전국의 모든 땅은 용도가 정해져 있고, 철저한 계획에 따라 개발된다. 그렇다면 국가의 개발 계획을 어떻게 알 수 있을까? 정부 고위 관계자만 아는 기밀 아닌가? 물론 그렇지 않다. 누구나 정부 홈페이지에서 확인할 수 있다. 예를 들어, 서울시 계획은 서울시 홈페이지에서 찾아볼 수 있다. 좀더 세밀하게는 강남구면 강남구청 홈페이지, 구로구면 구로구청 홈페이지에서 어렵지 않게 찾아볼 수 있다.

다음은 강남구청 홈페이지에 나와 있는 계발 계획이다.

위례~신사 간 지하경전철 건설

- 강남 내부 순환 철도망 구축으로 강남과 강북 지역의 접근성이 향상되고 주민·관광객의 편익 개선 및 지역 경제 활성화에 기여
- 위례~신사 간 지하경전철 건설
  사업 구간 :
  위례신도시~가락시장~학여울역~삼성역~영동대로(청담)~도산대로(신사역)
- 규모 : 연장 14.83㎞, 정거장 11개소(강남구 7개소)
- 사업비 : 14,253억 원
- 사업 방법 : 민간투자사업(BTO)

〈담당부서 : 교통정책과 ☎ 02-3423-6392〉

20○○년 월별 추진계획

월별	세부추진계획	월별	세부추진계획
1월	• 개포현대1차 정비계획 결정 • 도곡개포한신 정비계획 결정 • 대치우성1차 조합설립인가	2월	• 개포주공5단지 정비계획 결정 • 일원개포한신 정비계획 결정 • 일원대우 사업시행인가
3월	• 개포주공6, 7단지 정비계획 결정 • 상아아파트2차 관리처분인가	4월	• 압구정지구 ②~④ 추진위원회 승인 • 개포주공4단지 관리처분인가 • 개포주공9단지 세부개발계획(정비계획) 결정고시 • 도곡삼호 정비계획 결정 • 청담삼익 관리처분인가
5월	• 개포주공1단지 관리처분인가 • 개포주공8단지 세부개발계획(정비계획) 결정고시 • 홍실 사업시행인가 • 대치우성1차 건축심의	6월	• 압구정지구 지구단위계획구역 결정고시 (서울시) • 개포현대1차 추진위원회 설립

7월	• 압구정지구 세부개발기본계획(정부계획) 수립 착수 (추진위원회) • 개포주공5단지 추진위원회 설립 • 일원개포한신 추진위원회 설립 • 대치국제 준공 • 대치쌍용1차 사업시행인가 • 대치쌍용2차 사업시행인가	8월	• 개포주공6, 7단지 추진위원회 설립 • 대치구마을2지구 관리처분인가
9월	• 도곡개포한신 조합설립인가 • 대치구마을3지구 관리처분인가	10월	• 도곡개포럭키 세부개발계획(정비계획) 결정고시 • 일원대우 관리처분인가 • 도곡삼호 추진위원회 승인
11월	• 개포주공9단지 사업시행인가 • 청담삼익 착공 • 청담진흥 정비계획 결정 • 대치구마을1지구 착공	12월	• 개포주공8단지 사업시행인가 • 개포현대1차 조합설립인가 • 대치우성1차 사업시행인가 • 도곡삼익 조합설립인가

〈담당부서 : 주택과 ☎ 02-3423-6062〉

개발 계획은 부동산 투자를 결정할 때 매우 중요한 지침이다. 부동산이 변하는 것이기 때문이다. 각 지자체별로 3~4월쯤이면 그해의 계획을 홈페이지에 공개한다. 이를 통해 시행 시기와 규모, 사업비 등에 대해 상세하게 알 수 있다. 누구나 접근이 가능하고 알기 쉽도록 행정을 펼치고 있는데, 조회 수를 보면 매우 낮다. 황금 같은 정보들이 수두룩한데 사람들이 잘 보지 않는다. 구청 홈페이지에서 알 수 있다는 사실을 모르거나 알아도 별 관심이 없다는 뜻이다. 호재를 미리 아는 것이 부동산 투자에서 얼마나 유리한 위치를 차지하는 것인지 모르기 때문일까? 아니, 관심이 부족하고 게으르기 때문이다.

물론 계획은 수정되거나 변경되고 연기되거나 취소될 수도 있다. 만약 미심쩍다면 담당 부서에 전화를 걸어 문의해보면 된다. 그러나 모든 개발은 매우 계획적이다. 수정·보완은 되어도 아예 없던 일이 되거나 하지는 않는다.

혹시 지금으로부터 20여 년 전, 1997년의 서울 모습이 기억나는가? 그 당시 서울 상암과 용산이 지금처럼 발전하리라고 상상이나 해보았는가? 변두리 마곡이 지금의 모습으로 변화하리라고 생각해 보았는가? 그때는 몰랐겠지만 1997년에 이미 2010년 이후의 그림이 그려져 있었다. '2011년 서울도시기본계획'이라는 이름으로 상

계획명	2000년대를 향한 서울도시기본계획	2011년 서울도시기본계획	2020년 서울도시기본계획
목표년도	2000년	2011년	2020년
수립년도	1990년	1997년	2006년
미래상	통일한국의 수도 태평양시대의 중추도시 시민을 위한 도시	인간 중심의 살고 싶은 도시	자연과 인간, 역사와 첨단이 어우러진 세계 도시 서울
계획기조	국제화, 광역화, 정보화 참여, 거주의 질	시민본위, 인간중심	치유와 회복
계획배경 및 주요내용	• 강남북 균형 발전 • 다핵도시로 개편 • 도시철도망(13개 노선)과 도시고속도로망 계획 • 1도심-5부도심-59지구중심 *최초의 법정 계획	• 2000년 계획의 수정·보완 • 지방자치 시대 도래 • 자치구계획의 수렴 및 반영 • 상암, 용산, 뚝섬, 마곡지구 개발 구상 • 1도심-4부도심-11지역중심-54지구중심	• 2011년 계획의 수정·보완 • IMF 이후 여건 변화 반영 • 행정수도이전 대응, 청계천 복원 등 반영 • GB 우선해제 변경 반영 • 1도심-5부도심-11지역중심-53지구중심

제3기 지하철 건설 계획(1993년, 서울특별시)

암·용산·뚝섬·마곡지구 개발이 계획되어 있었다. 현재의 서울 지하철 노선도 1993년의 건설 계획이 그대로 실현된 것이다. 개발이 진행되기 전에 계획을 안다는 것은 번호를 미리 알고 복권을 사는 것이나 마찬가지다.

　이 책 뒤편에 부록으로 2030년 주요 지역 개발 계획을 첨부했다. 꼭 참고하여 5년 안에 건물주가 되는 꿈을 향해 한 걸음 다가서길 바란다.

이주 수요 예측은 기술이다

작년 6월 신문기사에는 서울 강동구 둔촌주공아파트 이주 관련 기사로 떠들썩했다. 전국 최대 규모의 재건축 단지이니 강동구 전세 시장이 들썩일 만도 하다. 이주비도 총 3~4조 원에 달하여 이 돈이 시장에 풀리면서 근방 송파구, 위례신도시, 미사신도시까지 영향을 끼칠 것이란 전망이 지배적이었다. 세대별 이주비로 따지면 1억 원에서 최대 3억 7,000만 원에 이른다.

당시 이미 고덕주공아파트 이주로 인해 강동구 전세 시장이 강세를 보이고 있어, 둔촌주공 이주가 시작되는 작년 말이면 가격이 더 오를 가능성이 크다는 기대로 전세 수요자들의 조바심이 컸다. 총 이주비 규모가 크다 보니 부동산 가격에 대한 민감도도 클 수밖에 없었다.

이런 상황에서 본격적인 이주가 시작되면 부동산 가격은 어떻게 될까?

실제로 강동구에서 매매가격이 많이 오른 아파트는 둔촌주공1·4단지와 가깝고, 2018년 10월 개통 예정인 지하철 9호선 보훈병원역의 역세권에 있는 둔촌동현대1차(총 498가구)아파트다.

세미나 중에 "맨 끝에 있는 역을 주의 깊게 보라, 그곳이 투자처다" 하는 얘기를 많이 했다. 송파 끝에 있던 장지파인아파트는 금액이 계속 오르지 않다가 위례가 들어서면서 끝에 있던 지역이 중간이 되면서 가격이 많이 올랐다. 2018년 10월 개통 예정인 9호선 보훈병원역이 끝 역이라 별로 관심이 없지만, 끝 역이라는 것은 급행역임을 의미하며 또다시 하남까지 연결되는 연장선이 진행될 곳이라 가격 상승의 여력이 충분하다. 따라서 이주 수요와 맞물려 가격이 오를 것이라는 설명을 했었다. 필자의 세미나에 참가한 많은 분들이 기억할 것이다.

둔촌동현대아파트의 전용 83㎡의 경우 2017년 1월 5억 원이던 것이 7월에는 6억 5,000만 원에 거래되면서 1억 5,000만 원이 올랐다. 둔촌주공아파트 1~4단지 5,930가구가 본격적으로 이주한 영향이다. 이주 수요는 주변부 가격 상승을 일으키는 강력한 호재인 것이다.

이는 주민들이 현재 사는 곳을 크게 벗어나려고 하지 않고, 특히 학부모들의 경우 자녀들의 학업 때문에 이동이 제한적이기 때문이다. 둔촌주공 조합원의 경우 대체로 자금력이 풍부하기 때문에 강동구와 송파구에 이주 수요가 집중되어 가격 상승세가 더뎠던 아파트의 가격도 끌어올린 것이다.

암사동은 서울특별시 강동구에 속한 동이다. 한강을 경계로 경기도 구리시 및 광진구 광장동과 마주보고 있으며, 동쪽은 둔촌로를 경계로 고덕동·명일동과 접하고, 남쪽은 천호동과 이웃한다.

고덕과 둔촌동에서 대규모로 이주되는 수요와 상가주택, 다가구주택을 희망하는 수요를 예측하여 그 인근인 주변부에 신축을 해서 타이밍 투자를 하면 좋은 결과를 얻을 수 있을 것이다. 이를 근거로 다가구주택을 만들어서 임대수익과 매매차익을 발생시킨 경우가 있다.

지하철 5호선 명일역에서 도보로 5분 거리에 있는 암사동 주택은 대지가 56평인데, 소유주가 이것을 팔아야 할지 직접 신축을 해야 할지 고민하던 차에 컨설팅 의뢰를 한 경우이다. 먼저 가설계를 그려보고 결정하는 것으로 얘기를 나눈 뒤 가설계를 의뢰해서 대략적인 도면을 그려보았다.

가설계는 본설계를 하기 전 주택을 매입할 때 신축을 염두에 두는 경우를 예상하여 설계도를 그려보는 것이다. 토지이용계획확인원을 보고 도로 접촉 여부와 다른 법적 사항을 검토한 뒤 용적률과 건폐율을 적용해서 층수에 맞춰 그린 다음 결정한다.

암사동 부동산은 지상 1층, 지상 5층으로 건축할 수 있으며, 북도로를 끼고 있어서 건물 전체가 반듯하게 올라갈 수 있는 장점이 있었다. 따라서 공간 활용도가 좋을 것으로 판단하고 매매보다는 신축을 통한 월세와 전세 임대를 맞추어 매매를 하는 것으로 결정했다. 이때는 이주 수요를 대비해서 주인세대를 쓰리룸으로 만들 것으로 결정하였다.

평당 2,500만 원에 매매금액이 13억 원이었던 단독주택을, 건축비와 제세공과금을 합해서 5억 원 들여 5층 건물로 바꾸었다. 새로 지은 건물은 매매금액 21억 원인 물건으로 바뀌어서 월세도 받고 주인이 살 수 있는 구조로 만들어 매매차익에 성공하였다.

이런 경우는 앞으로도 계속 만들 수 있다. 가격 상승이 예상되

층수	호수	보증금/월세	전세 보증금
1층	101호(상가)	1,000만 원/60만 원	
	102호(원룸)	500만 원/30만 원	
2층	201호(투룸)	5,000만 원/70만 원	전세 2억 2,000만 원
	202호(투룸)	5,000만 원/70만 원	전세 2억 2,000만 원
	203호(원룸)	1,000만 원/50만 원	전세 1억 2,000만 원
3층	301호(투룸)	5,000만 원/70만 원	전세 2억 2,000만 원
	302호(투룸)	5,000만 원/70만 원	전세 2억 2,000만 원
	303호(원룸)	1,000만 원/50만 원	전세 1억 2,000만 원
4층	401호(원룸)	1,000만 원/50만 원	전세 1억 2,000만 원
	402호(쓰리룸)	주인세대	
5층	501호(분리형 원룸)	1,000만 원/70만 원	전세 1억 5,000만 원
보증금 합		2억 5,500만 원/590만 원	14억 500만 원/90만 원

는 곳에 투자하면 된다. 2018년 하반기에 개포주공아파트 이주 계획이 있으므로 이주 수요가 시작된다. 올해 서울 강남권에서 줄줄이 이어지는 재건축 이주의 신호탄이라는 의미가 있다. 개포주공1단지에 이어 강남구에서만 일원동 대우아파트, 삼성동 홍실아파트, 역삼동 개나리4차 등의 이주가 줄줄이 이어질 전망이다. 이런 곳이 바로 가격 상승이 예상되는 곳이다.

서초구에서도 오는 7월 2,673가구의 규모로 신반포·경남아파트, 9월 2,911가구의 방배13구역(2,911가구), 12월 2,120가구의 규모인 반포주공1단지가 차례대로 이주를 시작한다. 송파구에서도 오는 7월 미성크로바(1,350가구)와 10월 잠실 진주(1,507가구) 등이 재건축 이주에 들어간다.

개포주공1단지의 세입자 상당수가 기존 전세금이 1억 원 대여서 주변 아파트 전세를 얻기에는 어려운 경우가 대부분이다. 이 때문에 인근 지역의 연립·다가구 주택이나 서울 외곽의 상대적으로 주거비가 저렴한 곳으로 이주 전세 수요가 몰릴 것이란 분석도 있다. 개포주공에서 이주하는 1억 원 대의 세입자들이 옮겨가면서 주변부 가격 상승이 예상된다.

재건축 아파트의 희극과 비극

재건축 초과이익 환수금은 재건축 아파트의 과도한 가격 상승을 막기 위해 법에 따라 부과되는 부담금이다. 2006년 9월 주택가격 급등을 막고 투기를 방지하기 위해 도입한 '재건축 초과이익 환수에 관한 법률'에 따라 국토부 장관이 부과·징수하고 있다. 이에 따르면 재건축추진위원회 설립 승인일부터 재건축 준공 때까지 조합원 1인당 평균 이익이 3,000만 원을 넘을 경우 초과 금액의 10~50%를 내야 한다.

이 제도는 2006년에 시행됐으나 주택시장 침체 등의 이유로 2012년 12월 18일~2014년 12월 31일까지 2년여간 유예됐으며, 연이어 2017년 12월 31일까지 3년간 추가로 유예된 바 있다. 그러나 2017년 이 제도가 종료되면서 재건축 초과이익 환수제가 2018년부터 다시 시행되게 되었다.

재건축 초과이익 환수금의 취지는 재건축으로 발생한 초과이익의 일정 비율을 부담금으로 걷어들이겠다는 의미다. 재건축 종료 후 가격(재건축 준공인가 때 가격)에서 재건축 시작 전 가격(추진위원회 설립인가 때 가격)과 개발비용을 빼면 재건축으로 인하여 증가한 주택의 가치가 된다. 재건축 단지 주택 가치 상승분에서 같은 기간 주변 아파트 시세 상승분을 뺀 것이 바로 재건축 초과이익이다. 0~50%의 계단식 누진세율을 곱하면 재건축 초과이익 환수금이 계산된다. 이를 조합원 수로 나눈 값이 조합원 개인이 부담해야 하는 금액이 된다.

그동안 재건축 아파트단지에 사람들의 관심이 집중된 것은 한마디로 "돈이 된다"는 인식 때문이었다. 투자자들은 오래된 아파트를 매입해서 참고 버티면 재건축의 기회를 얻어 시세차익과 새 아파트 프리미엄으로 몇 억씩 수익을 거둘 수 있다 생각한 것이다.

재건축 초과이익 부담금 산정 방식

조합원 1인당 평균 이익	부담금 산정 방식
3,000만 원 초과~5,000만 원 이하	3,000만 원 초과이익의 10%×조합원 수
5,000만 원 초과~7,000만 원 이하	(200만 원+5,000만 원 초과이익의 20%)×조합원 수
7,000만 원 초과~9,000만 원 이하	(600만 원+7,000만 원 초과이익의 30%)×조합원 수
9,000만 원 초과~1억 1,000만 원 이하	(1,200만 원+9,000만 원 초과이익의 40%)×조합원 수
1억 1,000만 원 초과	(2,000만 원+1억 1,000만 원 초과이익의 50%)×조합원 수

그런데 정부의 초과이익 환수제로 인하여 과도한 재건축 이익에 폭탄 같은 세금이 매겨졌고 "재건축하면 무조건 값이 뛴다", "재건축으로 큰돈을 벌 수 있다"는 이전의 재건축에 대한 신념이 확실히 흔들리는 분위기다.

하지만 안전진단 강화와 재건축 부담금 부활로 재건축 아파트의 희소가치는 더욱 올라갈 것으로 본다. 작년 말까지 관리처분인가를 신청했거나 받은 단지는 재건축 부담금을 내지 않아도 되어 투자자들의 관심이 높아질 것이다. 재건축 초과이익 환수제 부활 이후 서울에서 처음으로 반포현대아파트 재건축 부담금(예정액)이 통보되었는데, 이로 인해 재건축 부담금 폭탄이 현실화되는 분위기다. 이에 따라 재건축 부담금을 내지 않아도 되는 재건축 단지의 투자가치는 더 올라갈 것으로 본다.

재건축 부담금으로 인해 재건축 사업이 사실상 중단되면서 서울 신규 아파트 공급이 중단될지도 모르는 상황이 되었다. 새 건물을 지을 땅이 거의 없는 서울에서는 그동안 재건축 사업이 신규 주택 공급을 책임져왔다. 지난 10년간 서울에서는 연평균 3만 가구 이상이 재건축을 통해 새 집으로 입주했다. 올해와 내년에도 3만 가구 이상 재건축 아파트에 입주할 예정이다. 재건축 초과 환수금을 피해 지난해 말 서둘러 관리처분인가를 신청한 단지들이 많았다는 점을 감안하면 2020년~2021년쯤 대규모 입주가 이루어질 것이다. 그런 다음에는 어떻게 될까? 관리처분인가 신청 단지는 급감할 것

재건축 초과이익 환수 적용 예정된 서울 주요 단지

사업단계	지역	단지명
사업시행인가 획득	강남구	대치쌍용2차
	서초구	반포주공1단지3주구
	서초구	반포현대
	송파구	문정동 136
조합설립 완료	강남구	대치쌍용1차
	강남구	개포한신
	용산구	한강맨션
	용산구	왕궁
	송파구	잠실주공5단지
추진위 설립 완료	강남구	은마아파트
	강남구	압구정4구역 (현대8차, 한양3·4·6차)
	강남구	압구정5구역(한양1·2차)
	용산구	신동아
추진취 설립 예정	송파구	잠실동 잠실우성
	강남구	개포주공5·6·7단지
	강남구	압구정3구역(현대1~7차 등)
	서초구	신반포4차

(자료: 서울시 재개발·재건축 클린업시스템)

이고 2021년 이후에는 서울 주택 공급 감소로 가격 급등 문제가 불거질지도 모른다.

현명한 투자자라면 이러한 주택의 수요와 공급의 증감 현상을 놓치지 않고 잘 파악하고 있어야 할 것이다.

CHAPTER 2

아파트 한 채 값으로 건물주 되기

01
변하는 곳에 투자하라

움직여야 부동산이다

움직이지 않는 자산이라 하여 부동산(不動産)인데, 움직여야 한다니 무슨 소리일까? 바로 변화해야 한다는 소리이다. 가만히 있는 부동산은 가격도 가만히 있을 것 같지만 만약 한강이 보이지 않던 아파트가 한강이 보이는 아파트로 변한다면 어떻게 될까?

강서구에 1,400세대 규모의 가양6단지 아파트가 있다. 우선 입지

한강을 등지고 지어진 아파트

가 매우 좋다. 9호선 가양역에서 도보로 5분 거리인데, 이 역이 급행역이다. 급행역은 사람들이 선호하기 때문에 굉장한 장점이다. 올림픽대로도 바로 탈 수 있고 마곡지구와도 매우 가깝다. 마곡지구는 9호선과 함께 대기업들이 들어서는 신흥 기업단지다. 마곡지구는 지하철 개통과 대기업 유치라는 두 가지 호재로 순식간에 부동산 가격이 상승했다. 마곡지구와 가깝다는 이점 외에 가양6단지 아파트는 인근에 이마트, 홈플러스 등 대형 마트가 있고 초등학교와 중학교도 가깝다. 게다가 한강변에 있다.

25년 된 아파트라 5년에서 10년 후에는 리모델링이나 재건축이 이루어진다. 그런데 이 아파트를 분양하던 1990년대 초에는 한강 조망권이 지금처럼 큰 가치를 지닐 때가 아니었다. 가령 이 아파트 606동은 거실에서 한강이 보이지 않는다. 막힌 데 없이 탁 트여 당

가양역 주변 지도, 네이버 지도

연히 한강이 보여야 하는데, 안타깝게도 반대 방향으로 지어졌기 때문이다. 그래서 한강을 보려면 문을 열고 복도로 나가야 한다.

향후 이 아파트를 재건축한다면 지금보다 평수도 넓어지고 거실에서 한강을 바라볼 수 있게끔 지을 것이다. 당연하지 않은가. 한강이 안 보이는 아파트가 멋진 한강을 볼 수 있는 아파트로 변한다. 이 변화는 엄청난 가치 상승을 불러올 것이다. 이런 아파트를 미리 사놓는다면 매매차익을 종잣돈으로 해서 건물주의 꿈을 충분히 이룰 수 있다.

부동산이 변하면서 가치가 오를 것으로 예상되는 또 하나의 예로 송파구 가락시장역 주변을 들 수 있다. 가락시장역은 3호선과 8호선의 더블 역세권이다. 필자는 평소 지도를 보는 것이 취미인데, 로드뷰를 보면 역 주변 골목에 철물, 새시 등을 파는 상점들이 눈에 띈다. 이 상점들도 나중에 이전할 가능성이 크다.

또 5만㎡ 규모의 중앙전파관리소가 있다. 불법 전파 탐사, 혼신

가락시장역 주변 지도, 네이버 지도

제거 등 전파 관리와 국가 보안 통신 업무를 위하여 1947년에 문을 열어 1970년에 가락시장 맞은편으로 이전했는데, 주민들이 기피하는 애물단지가 되었다. 중앙전파관리소가 이전한다면 이 넓은 부지에 무얼 짓겠는가. 백화점이나 주상복합건물 등이 들어서서 가락시장역 주변은 부가가치가 훨씬 큰 지역으로 발전할 것이다.

가락시장역 주변 철물점, 새시 가게가 많은 골목

이처럼 변화하는 부동산에 투자하라. 단, 주의할 점이 있다. 그 변화가 장기간에 걸쳐 이루어지는 곳이라면, 너무 많은 금액을 투자하면 안 된다. 그러면 힘들어질 수 있다. 부담스럽지 않은 정도의 금액을 투자해야 한다. 오랜 시간 기다려야 하는 투자 대상에 많은 금액을 투자해놓으면 장기간 돈이 묶여 자유롭지 못하기 때문이다.

주변에서 흔히 보는 사례가 있다. 2억 원 정도의 종잣돈을 만들어놓은 다음, 투자를 하기 위해 열심히 공부하고 발품을 판다. 그런데 힘들게 노력한 보람도 없이 시간만 흐르는 듯하고 자신감도 없어 불안한 마음에 결국 잘 아는 지역의 아파트를 덜컥 사버린다. 거기에 2억 원을 모두 투자했기에 다른 곳에 투자할 돈은 없다. 그러니 아파트 가격이 오르기만을 기도하며 앉아 있을 수밖에. 너무나 많이 본 모습이다.

또한 경험 없는 투자자들은 가격이 오른 부동산은 서둘러 팔고, 오르지 않은 부동산은 오를 때까지 가지고 있다. 사실은 그 반대로 해야 부동산 투자에 성공할 수 있다. 오르지 않는 부동산은 빨리 처분하여 다른 곳에 투자하고, 여러 곳에 나누어 투자해야 한다. 한 곳에 오랫동안 투자하는 것은 건물을 가질 때만 하면 된다.

두려우면 아무것도 못한다

어느 날 대기업 임원으로 퇴직을 앞둔 D씨가 상담을 청해왔다.

"부동산 투자를 하고 싶은데 뭘 어떻게 해야 할지 모르겠습니다. 고민이 많네요."

"혹시 월세가 나오는 부동산이 있나요?"

"없습니다. 부동산이라곤 아파트 한 채 가진 게 전부입니다."

"그럼 현금은 어느 정도 가지고 있습니까?"

"2,000만 원 정도 있습니다. 빚은 없고요. 살고 있는 아파트가 40평이고 8억 원대인데 다행히 대출은 전혀 없습니다."

"그렇다면 아파트를 20평으로 줄이고 그 차액으로 부동산에 투자해 월세를 받는 것이 어떻겠습니까?"

그러자 D씨는 한숨부터 쉬었다.

"집을 어떻게 줄이나요. 좁은 집에서 살 자신이 없네요. 생각만 해도 숨이 막힙니다."

"그럼 한 가지 방법밖에 없습니다."

"어떤 방법이 있을까요?"

"대출 이자보다 높은 수익을 내는 부동산을 만드는 길밖에 없어요."

"대출이요? 어휴, 그랬다가 부동산 가격이 떨어지면 어떻게 합니까?

"그렇다면 할 수 없지요. 그냥 그대로 있을 수밖에요."

필자가 상담을 할 때 수익률을 따지는 건물의 수익성 계산이나 신축을 위한 수지분석 계산이 아님에도, 즉 지역의 호재나 향후 발전 가능성에 대한 얘기를 할 때에도 계산기와 볼펜, 메모지를 꺼내 드는 대기업이나 공기업, 금융기업 퇴직 예정자들에게 자주 하는 말이 있다. 부동산 투자가 계산대로만 가격이 움직인다면 부동산 투자에 성공한 사람들은 다 수학자나 금융공학자들이어야 한다고.

부동산 투자에 성공한 분들 가운데는 주부가 상당히 많다. 그들은 당장의 수익률보다 정보를 받아들인다. 그래서 정확한 정보를 얻으면 그들이 구입한 부동산 가격은 오른다. 반면 계산기부터 드는 사람들은 얻은 정보를 본인의 방식으로 수치화하려고 한다.

하지만 부동산은 계산하는 대로 움직이지 않는다. 계산을 하고 수익을 예상하고 예측하는 것이 잘못되었다는 것이 아니다. 정부의 규제에도 영향을 받지 않고 3개월에 1억 원씩 오르는 현상을 어떻게 문서화하겠느냐는 말이다.

02 목표가 분명한 투자를 하라

남는 대출, 사라지는 대출

대출을 쉽게 생각해서는 안 된다. 반드시 갚아야 하는 돈인 데다 이자는 단 하루도 쉬는 날이 없기 때문이다. 그러니 대출 받아 투자했다가 부동산 가격이 떨어지는 상황을 떠올리면 두려울 수밖에 없다.

남의 돈을 빌려서 지렛대처럼 이용하여 수익률을 높이는 지렛대

효과는, 빌린 돈의 이자보다 수익이 많을 때만 유효하다. 그래서 지렛대는 신중하고 현명하게 사용해야 하고, 투자는 소문이나 예측이 아니라 팩트에 근거해서 해야 한다.

그런데 보통은 부동산을 빚내서 투자하는 경우가 대부분이다. 자금에 여유가 있어도 자금 입증 등 세무적인 이유로 일부러 은행 돈을 이용하기도 한다.

빚을 내서 투자하는 것은 위험할 수 있다. 빚의 규모에 비례하여 위험도 커진다. 하지만 투자하지 않는 것이 더 위험한 건 아닐까. 또 부동산 투자를 하지 않는다고 빚의 위험이 없는 걸까. 우리가 평소 별 생각 없이 사용하는 카드 할부도 빚이다. 자동차, 냉장고, 시계, 명품 백에 이르기까지 빚으로 사지 않는 것이 없다. 빚이 소비재로 늘어난다면 위험하다. 그러나 부동산은 소비재와 다르다. 다 썼다고 해서, 닳았다고 해서 버리는 것이 아니다.

가격이 떨어질까 두려워해서는 아무것도 할 수 없다. D씨처럼 그대로 있는 수밖에. 그렇다고 막상 용기를 내어 투자를 한다고 해도 두려움이 실수를 불러온다. '정 안 되면 내가 들어가서 살지 뭐'라는 생각은 두려움을 자기 합리화시킨 것이다. 그래서 '내가 살아야 하니 방이 세 개는 있어야 하고, 거실도 너무 좁으면 안 되고, 다니는 직장과도 가까워야 하고……' 이런 조건에 맞추다보니 엉뚱한 부동산을 매입하는 것이다. 두려움은 이처럼 애초의 목적을 잊어버리고 투자와 실거주를 혼동하게 만든다. 두려움이 크면 확실한 정보를 얻고도 실행에 옮기지 못한다. 의심하고 고민하고 걱정하고 상상만 하다가 시기를 놓쳐버린다. 심지어 계약을 했는데 불안한 마음에 위약금을 물고 취소하기도 한다.

손맛의 투자, 계획 투자

부동산 투자 앞에서 한없이 작아지는 나. 이 두려움을 어떻게 해야 극복할 수 있을까? 어떻게 해야 대출이자 이상의 수익을 내는 부동산을 만들 수 있을까? 앞에서도 언급했듯이 작은 투자부터 해보아야 한다. 큰 수익을 기대하며 큰 금액을 투자하지 말고, 작게 투자해서 적은 수익에 만족하여 성공의 느낌을 가져보는 것이 부동산 투자의 두려움을 없애는 지름길이다.

성공의 경험은 손맛과 같다. 낚시광들이 미치도록 낚시를 하고 싶어하는 이유는 잊을 수 없는 손맛 때문이라는 사실을, 낚시를 즐기지 않는 사람들도 잘 안다. 단 한 번뿐이라도 성공의 경험이란 잊혀지지 않는다. 그 느낌이 두려움을 없애주고 자신감을 높여준다.

작은 투자를 해야 하는 또 하나의 이유는 만약 실패한다 해도 극복할 여력이 있기 때문이다. 많은 이들이 부동산을 거래한 후 뒤돌아보며 후회하고 탄식한다. 부동산을 사고 난 뒤 '이 부동산이 아니라 저 부동산을 샀더라면 돈을 더 벌었을 텐데' 하고 후회한다. 팔고 나서 가격이 오르는 것을 보고는 '내가 미쳤지, 그걸 왜 팔아서. 대체 얼마나 손해를 본 거야'라며 사실 가격이 올라 매매차익으로 인한 수익을 냈으면서도 자기가 판 가격보다 더 오르면 속상해하는 것이다. 어떤 사람은 괜히 팔았다고 자책하기도 한다. 만약 지인의 권유에 따라 행동한 사람이라면 그 사람에 대한 원망까지도 하게 된다. 하물며 손해를 본 경우라면 후회와 자책, 원망은 훨씬 더 클 수밖에 없다. 투자 금액이 크다면 실패를 딛고 일어서기도 힘들다. 하지만 투자 금액이 적다면 정신적인 충격도 적고, 얼마든지 다시 시작할 수 있다.

부동산 투자에서 분명한 목표를 세우고 적절한 계획을 세우는 것은 여러 의미에서 중요하다. 어디서부터 어떻게 시작해야 할지 막막하기만 한 부동산 투자의 두려움을 없애줄 수 있고, 투자 후에 후회하느라 정신적인 에너지를 낭비하는 일을 막아준다. 실수를 최대한 줄일 수 있기에 성공의 경험을 맛볼 수 있다. 이렇게 하면 투자에 선순환이 일어난다.

다음은 부동산 투자를 하기 전에 세워야 할 계획이다.

1. 우선 투자 목적을 명확히 한다.
투자용인가, 아니면 거주용인가. 내 집 마련이 목적인가, 임대 수익 창출이 목적인가, 혹은 매매차익이 목적인가.

2. 부동산의 종류를 정한다.

목적을 정했다면 필요한 부동산을 선택한다. 토지인지, 아파트인지, 오피스텔인지, 다가구/다세대 주택인지, 상가주택인지 구체적으로 정한다.

3. 투자 지역을 정한다.

투자 지역은 미래 가치를 보고 정한다. 또는 현재 가치를 중요하게 본다. 발전 가능성이 가장 중요하다. 즉 개발이 진행될 곳, 지속적으로 성장할 곳, 인구가 유입될 곳 등에 투자해야 한다.

4. 자금을 어떻게 마련할지 예산을 세운다.

부동산 투자에는 상대적으로 많은 자금이 필요하다. 다른 투자에 비해 자금 회수까지 걸리는 기간도 길다. 취득세, 등록세, 양도세 등 각종 세금과 중개수수료 같은 비용도 만만치 않다. 따라서 내가 가진 돈이 얼마이고 얼마나 더 필요한지 등을 점검하고 예산을 세워야 한다.

5. 목표 수익률을 정한다.

전세 금액 : 2억 원

매매 금액 : 2억 5,000만 원

취·등록세 : 500만 원

실제 투자 금액 : 4,500만 원

목표 수익률 : 실제 투자 금액의 50%

매매 차액 : 전세 만기 시점인 2년 후 매도 결과 2,250만 원

양도세율 : 15%

이런 식으로 정해놓고 목표 수익률에 도달하면 매도한다. 예를 들어 공원이 생긴다는 호재가 완성되지 않았다 해도 매도하는 것이다. 만약 투룸 다세대주택이라면 공원이 만들어질 때까지 기다려본들 지금까지 오른 것만큼의 폭으로 가격이 오르지 않는다. 대개 투룸 다세대 거주자들은 일하느라 바빠서 공원을 즐길 여유가 많지 않기 때문이다. 물론 공원이 없는 것보다는 좋기 때문에 그동안 가격이 오른 것이다. 단, 40평형대 중대형 아파트는 공원이 완성되면 더 상승한다.

시작했다면 5년도 필요 없다

어느 날 50대로 보이는 낯선 부인이 조심스럽게 사무실로 들어섰다. 사무실 입구에 붙어 있는 '오나건(5년 안에 나도 건물주)' 세미나 포스터를 보고 관심이 생겨 들어와봤다고 했다.

세미나를 듣고 간 D부인은 그날 이후 단 한 번도 빠지지 않고 세미나에 참석했다. 누구보다 일찍 와서 이것저것 궁금한 것을 질문하느라 참여자 중 가장 늦게 나갔다. 세미나 중에 필자가 유망 지역을 이야기하면, 꼭 가보고 와서 현장을 방문했을 때 느낀 점과 그

지역의 분위기를 가감 없이 이야기하며 필자의 의견을 묻곤 했다. 그 열정이 어떤 수강생보다 뜨거웠다.

　필자가 물었다.

　"왜 이렇게 열심히 공부하세요? 무슨 특별한 이유라도 있나요?"

　"그냥, 부동산 공부는 처음이라서요."

　"투자는 처음이 아니시잖아요."

　"부동산 투자는 꽤 했죠. 주로 아는 사람이 권하는 물건을 샀는데, 수익을 크게 내본 적이 없어요. 지금 가지고 있는 부동산도 마찬가지입니다. 여의도에 있는 ○○주상복합 아파트 45평짜리인데요. 대출이 2억 원 들어가 있고 월세는 200만 원이 나옵니다. 그런데 세입자가 한번 나가면 다른 세입자가 들어오기까지 시간이 오래 걸려요. 임대가 잘 안 돼서 자주 공실이 되는데, 관리비와 대출이자는 꼬박꼬박 나가니까 참 고민입니다. 매매가가 오르지도 않고요. 그래서 팔까 생각 중이에요."

　"팔면 가용자금이 얼마나 생깁니까?"

　"3억 원 정도요. 그 돈으로 월세가 안정적으로 나오는 부동산을 사고 싶습니다."

　"좋은 생각입니다."

　"5년 안에 저도 건물주가 되고 싶습니다. 그게 제 꿈이에요. 사실 그래서 열심히 공부하는 거지요."

　"그 꿈을 향해 당장 첫걸음을 떼어봅시다."

안정적인 월세 수익이 나오고, 향후 5층 이상으로 만들 수 있고, 그래서 매매가가 오를 부동산을 산다면, 건물주의 꿈을 지금 이루는 것이나 마찬가지다. 그 이야기를 지금부터 들려드리려고 한다. 관건은, 주거지역이 점차 상업지역화 되어가는 곳 가운데 향후 상권이 발달할 곳을 찾는 것이다. 발전이 예상되는 곳에 반 발자국 정도만 앞서서 미리 투자하면 상대적으로 적은 금액만 투입해도 만족스러운 수익을 기대할 수 있다.

03
3억 원으로 월세 300만 원 받기

상업화되는 주택가를 노려라

주거지역이 상업화되면서 상권이 발달하게 된 대표적인 곳으로 신사동 가로수길을 들 수 있다. 이태원 경리단길과 봉천동 샤로수길, 합정동, 망원동, 연남동도 마찬가지다. 특히 합정동은 많은 출판사가 모여 있는데, 오래된 단독주택 혹은 다가구/다세대주택을 리모델링해서 사무실로 쓰는 곳이 많다. 골목골목마다 주택을 개조한 식당과 카페, 특색 있는 가게들이 즐비하다. 이런 특성과 홍대와 인접한 위치 때문에 유동인구도 매우 많다. 이처럼 주거지역이 상업화되는 현상은 홍대의 상권이 확장되면서 합정동을 지나 망원동, 연남동까지 이어지고 있다. 요즘은 합정동을 기점으로 마포 쪽으로는 상수동, 월드컵경기장 방향으로는 성산동, 동쪽으로는 서교동을 넘어 연희동까지 확산되고 있는 추세이다.

과거에는 대로변 상권이 최고였다면 요즈음 골목 상권이 대세가 되었다. 이를 대변하듯 아기자기하고 자그마한 가게들이 망원동과 연남동을 중심으로 급속히 퍼져가고 있다. 연남동 전체가 계속 공사 중이라고 해도 과언이 아니다. 합정동에 밀집해 있던 오래된 주택들은 지금도 끊임없이 상가 건물로 탈바꿈 중이다. 그 가운데 한 예를 들자면, 합정역에서 도보로 3분, 메세나폴리스 주상복합 아파트 옆에 대지 지분 100평의 낡은 연립주택이 있었다. 일단 입지가 좋았다. 2호선과 6호선이 지나가는 더블 역세권에 지하철역과 매우 가깝고, 경사진 주변에 비해 평지였다.

주변 주택들은 평당 2,500만 원에서 많아야 3,000만 원 선에 거래되고 있었는데 이 집은 시세보다 비싸게 매물로 나와 있었다. 주변에서 다들 비싸다고 말렸고, 실제로 비싼 가격 때문에 거래가 불발된 전력이 있는 집이었지만, 어느 사업가가 이 집을 매입했다. 미래 가치를 보고 과감하게 투자한 것이다.

그 후 연립주택을 헐고 새로 6층 건물을 지으니 1층과 지하에는 카페가 입주했다. 커피 맛이 좋아 아침이면 외제 자동차들이 테이크아웃을 하기 위해 줄을 서고, 카페 지하의 극장식 인테리어는 이 건물을 지역 명소로 만들어주었다. 이런 상황이면 월세가 더 안정적으로 나올 수밖에 없다. 또한 건물을 지을 때부터 지하와 1층 인테리어는 카페에서 진행했기 때문에 공사비도 절감할 수 있었다.

서울에는 대로변에 오래된 주택이 많다. 20년 전에는 이들 부동산을 가장 잘 활용하는 방법이 빌라를 지어 분양하는 것이었다. 그런데 20년이 지난 지금은 지하철이 들어오고, 상가가 들어오고, 음식점도 들어오고, 대형 마트도 들어오면서 상업화가 진행되고 있다. 그렇다면 이 오래된 빌라들은 주택으로 더 어울릴까, 상가가 더 어울릴까? 이런 곳은 주거보다는 상업에 더 잘 어울린다. 이 집들이 새로 지어진다면 아마도 상가 건물로 지어지지 주택으로 지어지지는 않을 것이다.

주택을 상가로 바꾸는 일은 생각보다 어렵지 않다. 정화조 용량을 늘리는 일 외에는 법적으로나 기술적으로 어렵지 않다.

이것이 5년 후에 건물주를 꿈꾸는 사람들에게 필요한 시각이다. 남들은 빌라를 빌라로만 본다. 볼품없고 낡은 빌라가 터무니없이 가격만 높다고 투덜댄다. 하지만 건물주가 되려는 당신은 눈에 보이는 것 이상의 가치를 보고 판단할 수 있어야 한다.

1층부터 차근차근 사기

E부인은 여의도 부동산을 팔고 연희동에 투자하기로 했다. 상업화가 진행되고 있는 주거지역이라는 투자 포인트에 딱 맞는 곳이기 때문이다. 1종주거지역과 전용주거지역으로 건물 층수를 일부 규제하고 있는 연희동은 가까운 신촌이나 홍대처럼 상업·유흥 시설이 많지 않으나 젊은이들의 발길이 잦아지고 있는 곳이다.

연희동은 개성 있고 특색 있는 동네다. 명동에 있던 한성화교학교가 1969년에 옮겨오면서 화교들이 모여들며 중국음식점이 발달했다. 또 주변 대학교들의 영향으로 상권이 조금씩 커졌다. 상권은 자기만의 색깔을 지닌 상점들로 이루어져 있다. '연희맛길'에는 90여 개의 음식점과 50여 개의 제과점, 카페 등이 영업 중이지만 프랜차이즈 점포는 찾아볼 수 없다.

한적한 골목을 따라 작은 주택을 리모델링한 예쁜 카페들이 터를 잡고 유명 셰프들의 식당이 하나둘 문을 열면서, 또 공방과 갤러리가 자리를 잡으면서 동네 분위기가 완전히 달라졌다. 핫 플레이스로 떠오른 연희동은 20년 이상 된 주택들이 상가건물로 변하고 있는 대표적인 케이스다.

이처럼 음식점 개업 신고 수가 100% 이상 증가하고, 골목까지 퓨전음식점이나 디저트카페가 들어서고, 이색 업종이 생기고, 외지인들의 발걸음이 많아지는 곳이라면 투자하지 않을 이유가 없다.

E부인이 매입을 마음먹은 부동산은 연희동 ○○쇼핑센터 건너편이었다. 20년 된 네 채의 연립주택 가운데 한 채로, 1층은 자제들이 외국 이민을 가 혼자 사는 노부인 주인이 거주하고, 2층은 또 다른 주인이 살고 있으며, 3, 4층은 주인이 4층에 살면서 3층을 전세 주고 있었다.

　대지 100평에 건평 200평으로, 대지지분은 각 25평, 건평은 각 50평이었다. 그러나 필자는 이 집이 새롭게 변할 모습을 상상해보고 충분히 승산이 있다고 생각했다.

　주차도 바로 앞에 할 수 있는 구조여서 상가로 이용하는 데 문제가 없었다. 대로변 건물의 바로 뒤 건물이기 때문에 접근성도 좋았다. 주변 건물들도 상가로 변했기 때문에 그 시너지 효과가 있을 것으로 판단했고, 건평이 50평이면 카페나 레스토랑, 퓨전음식점, 주점 등이 가능할 것이었다. 정화조만 확장해서 새로 묻으면 상가로 용도를 변경하는 일도 문제 없는 것으로 확인했다.

　현재 연희동은 평당 3,000만 원에서 3,500만 원에 시세가 형성되어 있는데, 오래된 빌라는 평당 지분금액이 시세보다 저렴하게 형성되어 있기 때문에 E부인은 담보대출 4억 원, 현금 3억 원으로 이 집을 사서 상가로 용도변경하여 건물을 리모델링하기로 했다. 1층 카페에서 인테리어 및 내부 수리를 하는 조건으로 보증금 5,000만 원에 월 350만 원, 5년 계약 조건으로 매입을 했다. 대출 이자가 3.5%로 월 90만 원이므로 이자를 제외하면 매달 260만 원의 수입이 생

상가건물로 변신시키기 전 주택의 모습

위 사진의 2층짜리 단독주택이 1층에 카페와 레스토랑을 입주시킨 5층 건물로 바뀌었다.

졌다. 이후 나머지 2, 3, 4층도 매입한다면 리모델링을 해 상가로 변경하거나 아예 신축을 통해 현재 용적률로 6층짜리 근사한 새 건물로 바꿀 수도 있다. 6층 건물의 소유주가 되는 E부인의 첫걸음은 성공적으로 진행될 것이다. 결국 이 부동산 매입은 신중하게 이루어졌고 현재 1층부터 차근차근 진행 중이다.

같은 지역인 연희동에 나란히 붙어 있던 단독주택 두 채가 상가 건물로 바뀐 사례를 하나 더 소개하려 한다. 2층 단독주택을 가지고 있던 필자의 지인이 옆집과 함께 단독주택을 헐고 상가건물로 새로 짓고 싶다고 했다. 그래서 처음부터 같이 고민하고 건물이 올라가는 현장에서 함께 의견을 나누며 컨설팅하게 되었다. 그 결과 주거지의 주변 환경을 바꾼 대표적인 상업 건물이 되었다. 지금 이 건물은 유명 셰프가 운영하는 카페와 레스토랑이 입점해 있고 갤러리와 사무실로 운영되면서 월세 700만 원의 수익을 올리는 건물로 탈바꿈되어 있다.

평범한 단독주택 두 채가 새롭게 바뀌면서 동네 분위기도 바뀌고 유동인구 계층도 바뀌었다. 더 밝고 경쾌해지면서 젊은층이 주로 찾는 곳이 되었으니 건물의 힘이 얼마나 대단한지 실감할 수 있다. 연남동 막다른 골목의 집들이 카페로 재변신하면서 그 위용을 자랑하는 모습을 보면, 투자자들은 부동산을 현재 상태로 보는 것보다 미래의 모습을 그려보는 연습을 꾸준히 해야 한다는 사실을 다시금 느낀다.

월세 이외의 부분을 봐야 하는 고시텔

청주시 흥덕구 복대동 8○○-○○번지에 건축된 지 27년 된 4층짜리 고시텔이 있다. 충북대학교 정문에서 200m 떨어진 상업지역에 위치하며, 원래 모텔이었던 것을 고시텔로 용도 변경하여 매매로 내놓은 것이다. 예상 매매금액은 4억 5,000만 원. 대지 58평에 연면적 185평, 방은 20개로 월세가 30만 원 정도인데 현재 만실이라고 한다. 이 부동산을 매수하고 싶은데 필자의 의견은 어떤지 컨설팅 의뢰가 들어왔다.

자기네 회사의 VIP 고객이라며 금융회사에서 특별히 부탁하기도 해서 직접 답사를 하고 의견을 주기로 하고 의뢰인과 청주까지 가기로 했다. 의뢰인은 필자의 의견을 믿고 결정하는 대로 따르겠다는 말까지 했다.

문득 전에 들은 이야기 하나가 떠올랐다. 몇 해 전, 대학가에 주인이 거주할 수 있는 원룸인데 수익률이 12%라는 물건이 나와, 어느 부부가 은퇴하면서 아파트를 판 돈으로 이틀 만에 계약을 했다고 한다. 그 부부는 원룸주택 위에 방 3개를 사용하며 살았는데, 점점 수익률이 떨어져 힘들어 했다는 말을 들었다.

일반적으로 은퇴 후 꾸준한 월세 수익을 바라는 사람들은 수익률이 좋다는 부동산 정보가 들어오면 흥분하기 시작하면서 물건을 놓칠까 봐 조바심을 낸다. 그래서 득달같이 달려가서 월세가 잘 들어오는지에 대한 부분을 제일 먼저 체크하고, 두 번째로 공실은 없는지, 세입자들의 임차 기간은 얼마나 되는지 확인하고 그 부분에 이상이 없으면 "됐다" 하고 생각해 버린다.

그러고는 부부가 살 원룸주택 4층에 있는 방 3개를 둘러본다. 수도를 틀어보고, 난방은 잘 되는지, 햇볕은 잘 드는지, 바닥 상태는 어떤지 살펴보고 이 부분도 괜찮으면 "됐다"고 한다. 마지막으로 건물 내외부에 금이 갔는지,

1991년에 지어진 4층짜리 고시텔

옥상 배수는 잘 되는지 지하에 물이 차지는 않는지 살펴보고 그것도 이상이 없으면 "됐다" 하면서 바로 계약을 한다.

이는 숲을 보지 않고 나무만 보는 것이다. 숲을 본다는 것은, 즉 나와 경쟁하는 주변의 부동산을 봐야 한다는 뜻이다. 옆에 있는 원룸주택뿐 아니라 단독주택도 나와 경쟁 상대이니 두루 살펴야 한다.

원룸 수익률 12%가 정상적으로 나오는 지역이라면 누군가 옆에 있는 단독주택을 매입해서 새로 원룸주택을 지으려고 할 것이다.

또 다른 단독주택이 있다면 그것도 새로 지으려 할 것이다. 주변에 새 건물이 들어서면 내가 가지고 있는 원룸의 경쟁력은 떨어져서 수익률이 하락할 수밖에 없다. 그러면 매매가격도 떨어지게 된다.

상가의 경우 다른 점포가 새로 들어올 수 없거나 지금 점포의 영업경쟁력을 그대로 갖기 위해 권리금을 주지만 그 반대의 경우 권리금이 없는 것처럼, 주변에 새로 만들 물건이 많다면 권리금을 줄 필요 없는 상가처럼 경쟁력이 떨어지는 부동산인 것이 분명하다.

따라서 부동산을 매입할 때는 주변부를 먼저 살펴보고 혹시 인근 대학의 기숙사 건립계획이 있는지 잘 알아보고 매입을 해야 한다. 그런데 해당 물건만 보고 급하게 계약하는 경우가 많아서 이 청주 건도 그렇게 될까 봐 염려되어 답사를 하게 된 것이다.

현장에 도착해보니 충북대학교와는 도보로 5분 정도의 거리에 있어 좋은 입지였다. 건물 외벽에 딱히 금이 간 부분은 없어 보였고 욕실은 리모델링을 했는지 비교적 깨끗한 편이었다. 방 내부 집기들은 1~2년 후 교체가 필요한 수준이고 취사시설은 개별취사시설이 없어 공동으로 사용해야 하는 허름한 고시텔이었다. 그래서 월세는 주변 원룸보다 저렴한 월 30만 원 정도였는데, 현재 만실이지만 학생들로만 못 채우고 일반인이 6명 있었다. 이러한 사실로 보아 아무래도 허름한 시설이 핸디캡으로 작용하여 대학과 가까운 거리에 있는데도 불구하고 젊은 대학생들에게 선호 대상이 되지 못하는 듯했다.

다만 이 부동산은 향후 10층 이상 올릴 수 있는 대학교 인근 상업지역에 있다는 것이 큰 매력이었다. 현재는 상업지역이라고는 하나 주거지역과 같은 모습을 하고 있으며 주변부에 고시텔과 모텔이 혼재해 있다는 것이 특징이었다.

부동산 가격이 오르려면 주거지가 상업지역화되어야 한다. 상업지역화되면 상가들의 임대료가 올라가면서 건물주 입장에서는 부동산 가격의 상승과 임대료 상승이라는 두 마리 토끼를 잡을 수 있게 된다. 젊은이들이 찾는 상가가 많다는 신사동 가로수길이나 이태원 경리단길, 망리단길 등을 흔히 상업지역으로 생각하는데 이들은 모두 주거지역이다.

그런데 청주의 물건은 상업지역이 주거지역으로 이용되는 것이니 건물을 신축할 때는 유리하겠지만 현재로서는 상업지역의 메리트는 떨어진다.

이번에는 건물에 문제점은 없는지 살펴보았다. 시설이 너무 낡아 입주민들이 오래 머물지 않아서 방이 수시로 빠져 그때마다 새 입주민을 구해야 하는 일이 관리하는 데 가장 큰 어려움으로 보였다. 월 30만 원의 월세를 받지만 여기에는 공동취사장에서 제공하는 부식비, 인터넷 이용료, 전기료, 수도료, 관리비가 모두 포함되어 있어서 실제 소득은 20만~25만 원이 되었다.

건물을 좀더 자세히 살펴보았다.

먼저 지하실에 누수가 있었다. 지하실 벽면에서 물이 흘러내려

대학 인근 상업지역에 혼재해 있는 모텔과 고시텔

바닥이 물 천지가 되니 양수기로 퍼 올리고 있었다. 그대로 방치했다가는 건물 수명에 직접적으로 악영향을 끼칠 것 같았다.

1층 주차장 입구의 악취 문제도 심각했다. 하수배관 어디가 잘못되었는지 악취가 심하게 올라왔는데, 관리인 말로는 4~5개의 방에서도 악취가 올라온다고 했다. 옥상에서도 배수가 잘 안 되어 물이 시원하게 빠지지 않았다.

1층 공동취사시설은 오래되어 씽크대 문짝의 칠도 벗겨지고 덜렁거리고 냄새도 났다. 바닥재도 중간중간 일어나서 바로 리모델링이 필요해 보였다.

매수를 한다면 이런 부분은 매도인 측에서 공사업체와 비용을 최종 합의하여 매매가격에서 빼야 할 것으로 보였다.

주변부를 살펴보니 새로 리모델링한 고시텔이나 신축 고시텔도 세입자를 구해야 하는 상황이라, 이 고시텔을 인수해서 대대적으로 수리하여 새로운 임차인을 구한다 해도 임대료를 크게 올려 받기는 어려워 보였다.

따라서 이 건물을 매입했을 때 매도인이 말하는 월세수익을 받기는 힘들어 보이며 신경은 신경대로 쓰면서 보수비용은 계속 투입될 것으로 판단되었다. 일반적인 데이터는 상업지역에 대지 58평, 건평 150평의 룸 20개짜리 원룸주택에서 월 600만 원 정도 수입이 나오고 매매금액은 4억 5,000만 원이라면 그냥 보지도 않고 계약할 수 있을 것이다. 하지만 자세히 살펴보면 이 건물이 월세수익으로 따지지 못하는 부동산의 숲이 너무 큰 부분을 차지하고 있다는 것을 알게 된다.

다만 본인이 거주하면서 건물 관리도 하다가 향후 5년 내에 신축을 고민한다면 수리비용을 5,000만 원 정도 들여서 월 300만~400만 원 정도의 수익을 보면서 가지고 있기에는 적합한 물건으로 판단되었다.

서울에 거주하면서 다른 사람에게 건물 관리를 맡기며 세입자까지 관리하기에는 그 정도의 월세를 받기 위해 감내해야 할 희생이 너무 많아 보였다. 그러나 필자에게 상담한 의뢰인에게는 수리해서 시스템을 잘 정비하고 금액을 조금 붙여서, 직접 거주하면서 관리할 분에게 매도하는 방법을 취하는 게 좋을 것 같고, 본인이 월세를 받기 위해 매입하는 것은 바람직하지 않다는 결론을 내려주었다.

[오나건 TIP

내 건물로 상상해보기]

지금 만난 30년 된 주택을 상가의 모습으로 상상해보자. 단독주택을 단독주택으로만, 다가구주택을 다가구주택으로만 본다면, 5년 후에 어떻게 건물주가 될 수 있겠는가. 앞으로 보고 뒤로 보고, 뒤집어서도 보고, 요리 보고 저리 보며 상상을 해보아야 한다. 이 집을 건물로 만든다면 1층에 어떤 점포가 들어올 수 있을까? 파리바게트, 스타벅스, 배스킨라빈스,

빌라 1, 2층을 커피숍으로 바꾼 경우

연남동 작은 대지에 지어진 또 다른 3층 상가건물

LG25, 버거킹 ……? 내가 직접 운영해본다면 어떤 업종이 좋을까? 혹은 유명 프랜차이즈를 유치한다면, 업체 담당자가 내 건물을 보고 창업 희망자들을 연결해줄 수 있을까?

상상의 나래를 마음껏 펴보자. 그 상상력이 건물주의 꿈을 앞당기는 데 도움이 될 것이다.

요즘 핫한 연남동 경의선 숲길 끝 쪽이다. 뒤쪽 3층 건물을 보자. 대지 20평의 주택이 3층 건물로 변한 모습이다. 단독주택을 새로 지어서 와인바, 커피숍, 수제맥줏집을 들였다. 앞쪽의 단독주택을 보면 비교가 쉬울 것이다.

작은 평수의 주택을 3층 건물로 새로 지은 경우

04
월세도 받고 매매차익도 얻고

원하는 부동산 직접 짓기

서울경제TV에서 〈부동산 고민 상담〉이라는 프로그램에 출연할 때였다. 금융기관 임원으로 퇴직한 F씨가 방송으로 상담을 신청했다. 보유한 현금 6억여 원으로 본인이 거주하면서 월세도 받을 수 있는 부동산을 찾고 있다며 조언을 구했다.

나는 기존의 부동산보다는 새로운 부동산을 만들어보지 않겠느냐고 제안했다. 단독주택을 매입해서 상가주택으로 지으면 본인이 거주하면서 월세도 받는, 그가 원하는 부동산이 되는 것이니 말이다.

상담하면서 F씨는 무엇보다 수익률이 높은 부동산을 찾고 싶다고 했다. 만약 직접 짓는다면 수익률이 높은 부동산은 다음과 같은 구조일 것이었다.

1층 : 주차 공간 확보를 위해 필로티와 상가 한 개
2층 : 원룸 네 세대
3층 : 투룸 두 세대, 주인집(방 세 개)
옥탑 : 주인 서재

그야말로 환상의 구조다. 비용이 3,000만~4,000만 원이 드는 엘리베이터를 설치할 수 있다면 금상첨화겠지만 없어도 대체로 만족할 수 있는 구조이기도 하다.

내 의견에 F씨는 동의했고, 지역은 은평구로 결정했다. 은평구는 인구 55만 명이 살고 있는 서울의 대표적인 주거지역이다. 아파트촌인 은평뉴타운, 불광동, 연신내역 주변의 위락생활시설, 단독주택과 다가구/다세대주택이 많은 응암역 이마트 주변이 주거 밀집 지역이다. 교통이 편하고 불광천이 흐르며, 이마트 근접성 때문에 전세와 월세, 매매 거래가 모두 활발하다.

지난 2016년과 2017년에 집값이 꽤 상승했는데, 마포구와 서대문구에서 전세가가 상승하자 인근인 은평구로 수요가 넘어왔기 때문이다. 이 지역은 그동안 저평가되어 있었던 곳이기도 하다.

은평구로 지역을 정하고 매물을 보던 중 응암동에서 적합한 물건을 찾았다. 대지 41평, 건평 25평의 단독주택이었다. 위치도 좋고 골목 상권도 형성되어 있어서 5억 2,000만 원에 계약을 했다. 그 주택은 건축설계상 꺾임 없이 그대로 올라가서 평수를 빼앗기지 않는다는 장점과 인근에 응암역과 이마트가 있어서 직장인, 대학생, 1인 거주 세입자의 수요가 꾸준해 월세가 잘 나간다는 장점이 있었다. 1층은 상가(16평), 2~4층은 원룸 10개(평균 6평 이상), 4층은 다락복층 및 외부 베란다로 주인 세대가 살 수 있게 만들기로 했다. 지역 특성상 투룸보다는 원룸 수요가 많아 투룸은 짓지 않았다. 건물 전체를 합치면 90평으로 건축비는 5억 원, 부대비용까지 포함해서 총 11억 원이 들었다. 마침내 상가주택이 완공되어 각각 임대했다. 원룸 가운데 5세대는 월세, 나머지 5세대는 전세로 내놓았고 보증금과 임대료는 다음과 같다.

* 보증금 및 임대료

상가(16평) : 3,000만 원에 90만 원

= 보증금 3,000만 원, 월 90만 원

원룸(월세) : 1,000만 원에 50만 원×5세대

= 보증금 5,000만 원, 월 250만 원

원룸(전세) : 6,000만 원×5세대

= 보증금 3억 원

* 보증금 합계

상가 : 3,000만 원

원룸 : 3억 5,000만 원

합계 : 3억 8,000만 원

* 월세 합계

상가 : 90만 원

원룸 : 250만 원

합계 : 340만 원

　F씨의 현금 6억 원과 보증금 3억 8,000만 원을 더해 9억 8,000만 원이 충당되므로 담보대출은 1억 2,000만 원을 받았다. 대출 이자가 월 33만 원이므로 이자를 제외한 월세 총수입은 307만 원이다. 이렇게 F씨는 6억 원을 들여 방 2개와 복층 서재가 딸린 집에 살면서 다달이 307만 원이 생기는 건물주가 되었다.

　물론 신축을 하는 과정이 쉽지만은 않다. 민원과 상대해야 하며, 건축하는 사람도 잘 만나야 한다. 건축업자 중에는 처음에는 평당

 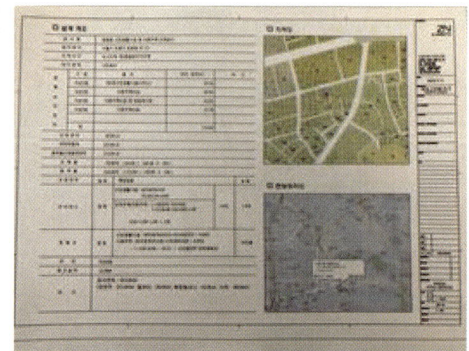

건축 설계 시 만든 건물 완성도와 설계 서류

450만 원에 짓겠다고 하고 이런 저런 핑계로 금액을 올리는 경우가 다반사인 경우가 많기 때문이다. 자금을 융통해야 하는 고단함도 있다. 세입자와 상가 임차인 입주가 한꺼번에 이루어지지 않기 때문에 시간적인 차이로 인한 고민도 예상해야 한다.

건물을 새로 지을 때는 이런저런 부담감이 분명히 있다. 그러나 자신감을 갖고 이를 감당하는 자세와 적극적인 행동이 없다면 조물주 위에 건물주라는 훈장을 받기는 요원하다.

이렇게 건물을 새로 지어서 주인 거주 세대만 놔두고 세입자와 상가 임차인을 들여서 월세 수입 구조를 맞춰놓으면 매매가는 14억 원 정도 된다. 즉 3억 원의 수익이 나는 것이다. 노력한 만큼 또 다른 수익을 만드는 방법이다.

상가주택을 지을 때 주의해야 할 것들

주택을 변형시켜 월세가 나올 수 있도록 만드는 것은 참으로 기쁘고 흥분되는 일이다. 그런데 주택을 상가주택으로 만들기 위해서는 먼저 알아봐야 할 것이 주변의 변화이다. 즉 현재 변화가 일어나고 있거나 앞으로 일어날 곳이어야 한다. 어느 정도 상권이 형성되어 있어야 한다는 뜻이다. 상가주택은 주택이 아니므로 상권이 형성된 곳이 아니라면 세를 주기가 어렵다.

상권은 대로변 상권과 골목 상권이 있다. 대로변은 이동통신 매장이나 은행, 제과점 등이 유리하고, 골목 상권은 분식집, 미용실, 잡화점, 카페 등을 열 수 있다. 아무것도 없이 너무 조용한 주택가에는 상가주택을 지으면 안 된다.

주택은 쾌적하고 조용하고 아늑해야 한다. 그것이 주택의 장점이다. 반면 상가는 유동 인구가 많고 북적이고 시끄럽다. 심지어는 새벽까지 빛나는 네온사인으로 단잠을 설치게 된다. 이런 상황이라면 둘 중 어느 부동산의 가격이 오를까? 임대료가 더 비싼 곳이 오르게 되어 있다. 임대료가 비싼 곳은 장사가 잘 되는 곳이다.

상가주택을 사거나 지을 때는 이 두 가지 사이에서 균형을 찾아야 한다.

두 번째, 리모델링을 할 것이냐 신축을 할 것이냐를 잘 판단해야 한다. 옛날에 지은 집은 과거 건축법의 적용을 받기 때문에 용적률,

건폐율 조건이 지금보다 느슨하다. 그러나 옛날 집을 신축하면 과거가 아니라 현재 건축법의 적용을 받는다. 당연하다. 현재 건축법은 가구당 0.8대의 주차 공간을 확보해야 한다. 과거에는 0.5대였다. 따라서 리모델링을 할 경우에는 변동 사항이 없지만 새로 건축을 한다면 주차 공간을 더 늘려야 한다. 이런 점에서는 신축보다 리모델링이 유리하다.

신축보다 불리한 점도 있다. 리모델링으로 건축물대장이 바뀌지는 않기 때문에 훗날 매매할 때 어려움이 생길 수 있다. 수리와 인테리어로 건물이 깨끗하고 멋져도 1995년산이라는 사실은 변함이 없기 때문이다. 상가 메리트가 많은 곳이라면 리모델링이 유리하고, 주택과 상가가 혼재되어 있는 곳이라면 신축이 낫다. 상가 임대료가 높기 때문에 리모델링보다 비용이 많이 드는 신축을 하면 그만큼 수익이 줄어들기 때문이다. 이런 점을 고려해서 결정해야 한다.

세 번째, 코너에 있다고 너무 좋아하면 안 된다. 옥상에 올라가보고 나서 마음에 드는 상가주택을 포기했던 A씨를 기억하는가? 그는 부동산 중개소에 매물로 나온 상가주택이란 상가주택은 모두 찾아다니면서 열심히 알아보았다. 괜찮다 싶은 물건을 발견할 때마다 나를 찾아온 것은 물론이다.

"대표님, 안녕하세요? 오늘은 일찍 출근하시네요."
"아이고, 오늘도 기다리신 건가요?"

"제가 성격이 좀 급해서……. 이번에 마음에 드는 물건을 찾았습니다. 20년 돼서 월세는 많지 않은데 위치가 아주 좋아요. 코너에 있답니다! 이걸 사면 어떨까요?"

"20년 됐다면 10년 안에는 신축을 해야 하겠네요. 아니면 신축할 사람에게 팔아야 하고요. 신축의 경우도 검토해보셨나요?"

상가주택에 투자할 때 대부분 코너에 있는 건물을 선호한다. 건물이 안으로 들어가 있으면 가게가 잘 보이지 않기 때문이다. 그런데 20년이 넘어가는 상가주택들은 향후 새로 지어야 하는 상황이 생긴다. 만약 도로가 협소하다면 뒤로 2평 정도 물러나야 하는 가각전제를 감수해야 한다. 평당 2,500만 원에 매입했다고 하면 5,000만 원이 허공으로 날아가는 것이다.

"보상이 안 됩니까?"

"보상 안 됩니다."

"아, 그런 게 있군요."

"코너에 있다고 너무 좋아하지 마세요. 신축할 때 손해 봅니다."

오래된 주택은 새로 지을 것을 생각해서 새로 지을 때는 어떤 현상이 생기는지 검토해보아야 한다. 신축하기 좋은 물건은 도로에서 한 블록 뒤에 있는 것이 방해받지 않고 공사를 진행할 수 있다.

네 번째, 다가구주택을 사는 것이 단독주택보다는 초기 금액이 적게 들어서 부담이 덜하다. 다가구주택은 말 그대로 다수의 가구로 구성되어 있으며 주인은 1인이고 3~4층의 구조로 되어 있다.

이에 비해 단독주택은 1~2층의 구조이다. 따라서 다가구주택이 건물 활용도가 높고 전세보증금 활용도 더 수월해 투자에 유리하다. 오래된 다가구주택은 리모델링과 신축, 두 가지의 가능성이 있어서 신축 가능성만 있는 단독주택보다는 유리하다고 할 수 있다. 다가구주택은 건물주로 가는 지름길 같은 주택이다.

05 가성비 높은 주택 활용법

재개발 지역에 포함되지 않아도 상승한다

필자가 리모델링한 서대문구 남가좌동의 다가구주택은 원래 낡은 다가구주택이었다. 1989년에 지어졌으므로 30년 가까이 된 부동산이다. 하지만 지금 이 집은 신축과 같은 상태로 탈바꿈하여 월세를 받는 주택으로 바뀌었다.

다가구주택은 여러 세대로 구성되어 있으나 주인은 1인인 구조

재개발 지역에 포함되지 않았지만 상승을 예상하고 매입한 주택

로 되어 있다. 단독주택은 1~2층으로 구성되어 있는데, 다가구주택은 3~4층의 구조로 되어 있어서 건물의 활용도가 더 높다. 또 전세보증금을 활용할 수 있기 때문에 다가구주택의 매입이 단독주택보다는 초기금액이 적게 들어서 부담이 덜하다.

또한 다가구주택은 3~4층 구조로 되어 있어서 20년 정도 된 다가구주택을 새로 짓는다면, 현행법보다 완화된 건축법을 적용받아 주차장 확보 등 건축물 활용도가 좋아진다. 따라서 전체 리모델링을 통하여 건물을 깨끗하게 단장하는 것이 새로 신축하는 것보다 유리하다.

주택을 구입하고 최유효이용을 할 수 있다는 장점이 다가구주택의 매력이다.

이 주택은 매입 당시 재개발 지역에 포함되지 않은 곳이라 재개발 예정 지역보다 훨씬 저렴한 가격이었다. 하지만 틀림없이 가격이 상승하리라는 확신이 있었기 때문에 매입을 적극 추천했다. 훗날 재개발이 시작되면 해당 지역 주민들은 이주를 할 테고, 그러면 수요가 늘어나면서 가격이 오를 것이 분명했기 때문이다.

가격 상승을 예상할 수 있는 요인은 또 있었다. 바로 경전철 개통 예정 계획이다. 이 지역은 지하철을 이용하기가 불편하다. 가장 가까운 지하철역인 홍대입구역으로 나가려면 마을버스를 타고 가야 한다. 그러나 경전철이 개통되면 지하철역 접근이 도보로 가능해진다. 남가좌동은 개발 가능성이 높은 지역이다.

부동산이 변해야 한다는 말은 이런 뜻이다. 짧게는 1~2년, 길게는 5년, 10년 후 어떤 변화가 있을지 알아보고 물건을 매입한다면 큰 수익을 얻을 수 있다. 앞에서 소개했듯이 국토 개발은 철저히 계획에 따라 이루어진다. 조금만 더 관심을 가지고 조금만 더 부지런을 떨면 충분히 미리 알 수 있는 '팩트'다. 부동산은 팩트를 보고 투자해야 한다.

재개발 지역에 포함되지 않은, 재개발 지역 인근 부동산을 저렴하게 사서 비싸게 팔 수 있다. 재개발이 시작되면서 주민들이 빠져나가는 지역의 부동산은 비싸지만 인근 부동산도 올라 매입 시보다 훨씬 비싸게 팔 수 있다.

아현동, 주택가를 낀 도로변 코너에 3층짜리 상가주택의 예를 들어보자. 1층은 분식점과 소매점 등 상가 세 곳, 2층은 태권도장, 3층은 주인이 거주하는 주택인데, 재개발이 진행되어 주민들이 이주를 하기 시작하자 문제가 발생했다. 손님이 뚝 끊기고 수강생이 급감하자 세입자들은 월세를 내기 힘들다며 가격을 내려달라고 요구

했다. 월세를 받아 생활하던 집주인은 이를 견디지 못하고 결국 집을 내놓았다.

오래된 적벽돌 건물에 월세 받기도 힘든 상가주택 치고 비싸다고 생각할 수 있지만 자금 여유가 있고 시간을 기다릴 수 있다면 이런 건물을 사야 한다. 2년만 지나면 이 지역은 획기적으로 변화하기 때문이다. 주민들이 이주를 한다는 것은 철거가 시작됐다는 뜻이고, 2~3년 후에 아파트가 들어선다는 것이다. 그렇다면 이 상가주택 바로 건너편은 대단지 아파트 입구가 된다. 지금은 비싼 것 같아도 결코 비싼 가격이 아니다.

이 상가건물을 매입해 리모델링을 하고 1층에는 유명 프랜차이즈, 2층에는 학원이나 병원 등을 유치한다면 노후를 여유롭게 보낼 수 있는 든든한 자산이 될 것이다. 기력도 없고 일자리도 없는 노년에 자녀들에게 부담을 주지 않는 유일한 방법은 적은 금액이라도 월세 수익을 내는 것이다.

한국의 국민연금 평균 수급액은 월 35만 6,110원(2017년 4월 말 기준)이다. 은퇴 전 평균 소득의 24% 수준으로, 노후의 최저생활비 140만 원에도 현저히 못 미치는 액수다. 반면 영국은 국민연금으로 소득의 9%를 공제하지만 연금지급액은 한국의 10배라고 한다. 이처럼 노후가 불안한 상황에서 최선의 대비책은 월세가 나오는 부동산 마련이다.

그러나 재개발이 되거나 혹은 건물이 낡아서 월세가 줄어들면 버티지 못하고 건물을 내놓는 주인들이 많다. 당장 수입이 줄어드니 갑갑하고, 버티려면 대출을 받아야 하는 경우도 있기 때문이다. 물론 사는 사람 입장에서는 이보다 좋은 물건이 없다.

건물주의 꿈이 있는 사람이라면 부동산의 변화를 잘 살펴야 한다. 현재의 모습이 아니라 미래의 모습을 볼 줄 알아야 한다. 건물주가 되는 또 한 가지 팁은, 거주할 집으로 아파트만 고집하지 말라는 것이다. 낡은 다가구주택을 저렴하게 매입해서 거주하다가 철거하고 상가주택을 신축하면, 안정된 주거와 함께 월세 수입도 얻을 수 있다.

요즘은 협소주택을 짓는 것도 한 방법이다. 최근 서울에서는 오래된 단독 혹은 다가구주택 밀집지역에 협소주택 바람이 불고 있다. 협소주택은 대지면적 60~90㎡ 규모에 3~4층 높이로 지은 주택을 말한다. 주로 도심의 자투리땅을 활용해 짓는 것이 특징이다. 대지면적은 좁지만 용적률과 건폐율을 최대한 끌어올려 사용 공간을 넓힌다. 현재 서울시에서는 저층 주거지 소규모 주택 재생을 위한 방안 중 하나로 협소주택을 장려하고 있다.

협소주택이라는 용어는 일본의 '쿄쇼주 다쿠'의 한자어 '협소주택'을 그대로 가져와서 사용했다. 서울시는 '협소'라는 단어가 가진 부정적인 어감과 함께 일본용어를 그대로 사용하는 것이 옳지 않다는 판단하에 순우리말인 '아담주택'을 대신하여 사용한다. 아담주택은 대지면적 90㎡ 미만의 필지 중 단독주택을 뜻한다. (다가구주택은 제외한다.)

 현재 서울시에 있는 74만 필지 중 대지면적 90㎡ 미만인 필지는 약 18만 6,000필지로 전체 25.2%에 이른다. 현재 서울시는 저층 주거지 커뮤니티 활성화를 위해 아담주택 1층에는 근린생활시설(상가)을 허용하고 있다. 마포구 연남동이나 성산동, 종로구 익선동, 용산구 후암동, 성동구 성수동 등 소위 핫 플레이스를 중심으로 아담주택을 조금씩 찾아볼 수 있다. 특히, 낡은 주택 밀집지역인 후암동에는 아담주택을 짓기 위해 낡은 빌라나 주택을 사려는 수요가 부쩍 늘었다. 남산 조망을 즐길 수 있고 서울역이나 광화문 등 도심과도 가깝기 때문이다. 하지만 매수하려는 사람에 비해 아담주택을 지을 만한 부지는 매물이 많지 않다.

 단, 너무 낡은 집이라면 쾌적한 거주를 위해 리모델링을 해야 할 수도 있고, 철거와 신축이 진행되는 동안 임시로 거주하고 짐을 맡기기 위한 비용이 들 수도 있다. 신축에는 통상 6개월 정도가 걸리니 비용 계산을 잘 해야 한다.

은행 돈으로 투자하기

 건물주의 꿈을 이루어줄 물건을 찾았는데 자금이 부족하다면 어떻게 할 것인가. 사실 부동산 매매대금의 전부를 자기 돈으로 치르는 매수자는 거의 없다. 보통 금융권을 이용하는데 매매대금의 60~70% 정도의 금액을 대출받을 수 있다.

필자의 경우 주택 매매대금의 80% 정도까지 제2금융권인 신협에서 대출이 가능했다. 금리는 제1금융권보다 조금 비싼 4.102%이지만 지렛대 효과를 이용하여 신축 후 전세자금을 받은 것으로 상환을 계획한다면 편리하게 이용할 수 있다.

대출은 매매대금 외에 신축공사자금도 가능하다. 통상적으로 골조공사 완료 후 2억 원 정도 가능한데 이도 신협을 이용할 수 있으며 제1금융권도 가능하다. 신축공사를 직접 진행할 때 대출은 추가 서류가 필요한데 도급계약서, 공사비내역서, 사업계획서, 건축도면 1부, 유치권포기각서 등 다양한 서류가 필요하다. 이는 공사 후 준공을 담보로 대출해주는 것이기 때문에 향후 공사업자의 대금 미수로 인한 유치권 행사 포기 서류를 미리 받는다는 것이 특징이다.

단독주택을 매입하여 3층 상가주택을 지을 때 대출을 받을 계획이라면 다음과 같이 진행될 것이다.

5억 원을 주고 단독주택을 매입, 공사비 4억 원을 들여 신축할 계획이라면 본인이 가지고 있는 현금이 많지 않다고 해도 건물을 지을 수 있다. 총 9억 원으로 대지 39평, 건평 89평의 상가주택을 지은 실제 사례가 있다.

주택매매대금 5억 원에서 신협 사업자대출을 받으면 대출할인율 75%+5%로 총 80%(약 4억 원)의 대출이 가능하다. 골조공사가 완료되면 추가로 2억 원이 더 대출된다. 그러면 본인 현금 3억 원에 아래 금액만 더 있으면 된다.

제세공과금 1,100만 원(인지세, 약정수수료, 채권할인비용, 소유권이전비용(토지등록세))
철거공사비 1,200만 원, 철거관련 보상비 200만 원, 공사감리비 620만 원
보존등기비용 580만 원
부동산중개수수료 200만 원
인접지 선물 비용 100만 원

따라서 최소 자기자본 3억 4,000만 원 정도가 필요하다.
이렇게 하여 지은 건물은 전체 4층으로 이루어진 상가주택의 모습으로 완성된다.

1층 상가 : 제2종근린생활시설 54.16㎡
2~4층 원룸 : 10개(각 6평)
4층 : 일부 방 3개, 복층 다락+외부 베란다(주인 거주)

이렇게 하여 전세, 월세 포함해서 보증금 3억 4,000만 원에 월세 440만 원을 받을 수 있다. 그러면 총 대출금 6억 원 중 3억 4,000만 원을 상환하고 융자 2억 6,000만 원과 본인 자금 3억 4,000만 원을

투입하면 된다.

6억 원으로 월 440만 원의 수입이 생기고 매달 이자 892,000원을 내면 순수입 3,508,000원이 생긴다. 이자를 제외하고도 본인 자금 투입의 10%가 넘는 수익률과 매매금액 상승의 효과를 얻을 수 있다.

공사, 준비부터 꼼꼼하게

상가주택이 완공되면 1층은 상가, 2층은 사무실로 세를 주고, 3층과 4층은 주인이 거주하면 좋다. 이때 세를 준다면 어떤 사람에게 세를 줄 것인가도 중요한 고려 사항이다. 공실이 생기지 않고 월세가 얼마나 안정적으로 나오느냐와 함께 쾌적한 주거 환경을 유지할 수 있느냐 하는 문제도 중요하기 때문이다. 가령 너무 시끄럽거나 밤늦게까지 영업하는 업종은 불편할 수 있다. 단, 24시간을 영업하더라도 편의점이라면 시끄럽지 않아 고려해볼 만하다. 미용실도 번잡하지 않으면서 손님이 꾸준히 있어 괜찮다. 사실 동네 미용실은 망하는 경우가 거의 없다(우리 동네에도 같은 자리에서 20년 넘게 운영하는 미용실이 있는데 그동안 건물을 두 채나 샀다).

지금부터 낡은 집을 철거하고 새 상가주택을 짓는 방법에 대해 알려드리겠다. 우선 시공업자 선정을 해야 하는데, 경험 많고 정직한 업체를 골라야 한다. 누구나 알고 있듯이 경험이 없으면 시행착 오를 되풀이하게 된다. 최근 필자는 인터넷 쇼핑몰에서 의자를 구매했는데 사고 보니 테이블과 높이가 맞지 않았다. 결국 목공소에 가서 2만 원을 주고 의자 다리를 잘라야 했다. 의자 하나도 잘못 선택하면 이처럼 두 번 일을 하게 되고 예상 밖의 지출까지 생기는데 집을 짓는 대공사야 말해 무엇하랴.

경험이 많으면 돌발 상황에 대처하기도 훨씬 수월하다. 공사에서 가장 골치 아픈 부분은 민원인데, 가령 연락처도 적어놓지 않고 자동차를 세워놓는 주민이 있다. 차주를 수소문하다가 안 되면 천막지로 만든 덮개를 씌워놓고 공사를 한다. 그런데 나중에 차주가 나타나서 차에 상처가 생겼다느니 페인트가 묻었다느니 하며 불만을 제기할 때가 있다. 경험 많은 업체와 현장 소장은 이런 일에 대응하는 법을 잘 알고 있다. 안전장치를 잘 구비하고 진동감소기 등도 설치해 민원을 최소화한다. 비용이 조금 더 들어도 민원이 없는 것이 시간도 절감하고 스트레스도 줄일 수 있다.

공사 진행 어떻게 할까?

시공공사업체와 관계에서 가장 중요한 것은 법적인 서류 작성이다. 공사자재에 대한 시방서를 검토하고 대금 지급, 하자 책임, 갑과 을의 책임 등을 서류로 명확히 해놓아야 한다.

필자는 시공업자에게 맡기지 않고 직접 집을 짓기로 했다. 이를 '직영'이라고 한다. 직영을 위해 사업자 등록을 하고 자재를 직접 구입하는 등 준비를 마치고, 현재는 현장에서 공사를 진행 중이다.

상가건물을 지을 때 해야 할 일을 순서대로 나열하면 아래와 같다.

토지 확보→건축사 선정과 설계→시공사 선정→시공과 준공 후 관리 등

1단계 토지 확보

좋은 땅을 구입하면 절반은 성공한 것이나 다름없다. 부동산 성공 방식 중에서 제일 기본인 것은 싸게 사서 비싸게 파는 것. 부동산의 도시구조가 바뀌면 부동산의 가치가 바뀌고 부동산의 가치가 바뀌면 부동산의 가격이 바뀐다. 그리고 잊지 말아야 할 부동산 투자의 최고 공식.

지금 외우라!

부동산 투자의 제1원칙이다.

BLASH!! BLASH!!(Buy Low & Sell High)

"싸게 사서 비싸게 파는 것"

강북에서는 용산구나 마포구, 서대문구, 성동구 등이 3.3㎡당

3,000만~4,000만 원 수준이다. 지하철역에서 조금 거리가 있거나 골목이 외진 곳은 조금 더 저렴하다. 외진 골목길은 향후 발전 가능성이 있는지 살펴보아야 한다. 외곽지역인 금천구나 은평구, 중랑구 등은 잘 고르면 3.3㎡당 1,000만 원대 땅을 구입할 수 있다. 부동산 가격을 참고하여 어느 지역에 건물을 지을 건지, 어떤 형태의 건물을 지을 건지 등을 계획하고 적당한 지역을 목표로 삼은 뒤 투자에 나서는 것이 좋다.

2단계 설계

설계 전 반드시 할 일이 있다. 땅의 경계를 정확하게 확인하는 작업이다. 땅의 경계를 명확히 설정하기 위해서 '경계 복원측량'을 하는 것도 좋은 방법이다. 인터넷으로 한국지적공사 홈페이지에서 신청할 수 있다. 구청 지적과 안에 지적공사 직원이 파견근무를 하고 있어서 구청에 문의해도 쉽게 신청할 수 있다.

경계를 측정하고 설계하는 것이 향후 멸실하고 건축하거나 옆 건물과의 관계나 경계 때문에 생기는 곤란을 겪지 않도록 막아준다.

설계는 건축물을 신축할 때 그 기준이 되는 도면이므로 용도에 맞게 법적인 테두리 안에서 여러 번 그려보는 것이 좋다. 설계는 신축에 있어서 가장 중요한 부분이다.

3단계 시공

설계를 마쳤다면 다음은 시공이다. 시공사를 선정할 때는 보통 설계를 바탕으로 2~3개 시공업체로부터 견적서를 받는다. 견적서를 꼼꼼하게 작성하는 시공사는 공사도 그만큼 신중하게 한다.

시방서에는 어떤 자재를 써서 어떻게 시공하겠다는 내용이 담겨 있어야 한다. 시공사를 결정한 뒤에는 계약서를 작성한다. 세부적인 사항도 꼼꼼히 기재해야 뒤탈이 없다. 특약사항을 가능한 한 상세히 작성하고 공사 단계별로 공정률에 따라 공사비용을 지급하는 것이 좋다. 많은 사람들이 가장 관심을 갖는 것은 시공비용이다.

그리고 필자가 많은 분들과 상담해본 결과 기본적으로 투자자들은 자신이 직접 자재를 사서 신축하는 것에 두려움과 걱정이 많아서 신축하는 것을 기피하는 경우가 많다. "집을 지으면 10년은 늙는다"든지, "잘못 지으면 땅 뺏긴다"든지. 이런 걱정거리를 더는 것이 꼼꼼한 계약서와 믿을 만한 시공업자이다.

신축하기로 마음먹었다면 무엇보다 사전에 많은 공부가 병행되어야 한다. 시간 될 때마다 세택(setec) 주택박람회나 자재전시장을 방문하는 것도 좋은 방법이다. 최근 용산에 주방과 가구업체가 리모델링 모델하우스를 여러 개로 꾸며서 전시해주는 사업을 새로 시작해서 필자도 자주 들르는 편이다.

4단계 시공과 준공 후 관리

시공사로부터 하자이행증권을 받는 것도 빼먹지 않아야 한다. 이는 혹시나 준공 이후 문제가 발생할 때를 대비하기 위함이다. 만약의 경우를 대비해 잔금 10% 정도는 준공 후 지급한다고 계약서에 명시해도 좋다.

신축을 하고 나면 100% 만족하는 건물이 없다고 한다. 아쉬움은 늘 남는 법이다. 필자가 잘 아는 건축하는 사장님도 친한 사람에게 집을 지어주고 나서 사이가 소원해진 경우가 있다고 한다. 그러니 신축하고 난 뒤에는 공사 중에 미처 못 봤던 부분들, 콘센트 위치 같은 세심한 부분을 다시 살펴보면서 수정, 관리하는 것이 필요하다.

처음 지을 때부터 교통이나 학군, 주변 인프라 등도 감안해야 한다. 내가 원하는 대로 설계한 집에 산다는 것은 남들은 절대 누리지 못하는 즐거움이지 않을까 싶다. 일생에서 자기 책을 한 권 쓰는 것처럼 집을 지어보는 것도 일생의 좋은 경험이 될 것이다.

필자는 가끔 이런 생각을 해본다. 건물을 신축하는 것과 책을 쓰는 것은 같은 행위라고. 먼저 목차를 세우고 그 안에 그 내용과 본인의 경험을 채우는 것처럼, 경험이 많은 목수는 지붕 위나 벽, 바닥을 뜯지 않고도 안을 들여다보는 것처럼, 건물을 짓지 않고도 그 모습을 볼 수 있듯이 말이다.

월세 받는 부자가 되고 싶다면 돈 되는 부동산을 알아보는 '안목'

부터 키워라! 부동산의 가치는 입지가 좌우하고 부동산 투자의 성패는 타이밍이 결정한다는 말이 있다. 투자에 성공하여 월세 받는 부자가 되면 좋겠지만, 초보 투자자에게는 살고 있는 집의 가치를 지키고 투자 원금을 잃지 않는 것이 우선조건이 되기도 한다. 이러한 투자의 첫걸음이 바로 부동산을 보는 눈, '안목'을 키우는 것이다.

[오나건 TIP

신축 사업 진행 일정]

대지 40평, 건평 90평인 ○○구 단독주택을 3층 건물로 바꾼 경우로 실제 추진했던 업무 일지를 소개한다. 여기에는 매매계약서 작성 시부터 대출받고 공사 진행했던 기록까지 다 들어 있다. 이는 공사업체와 도급계약이 아닌 직영으로 짓는 방식이며, 건축비 대출도 받았기 때문에 그와 관련된 일정도 포함되어 있다.

2017년
09. 12 - 부동산 매매사업자 신청(○○세무서)
　　　　(사업계획서, 전대차 계약서, 사무실 및 간판 사진 제출)
09. 18 - 부동산 매매사업자 발급
09. 20 - 토지 매매대금 약정(525,000,000원)
　　　　- 가계약금 이체(1,000,000원)
　　　　- 사업자 대출 상담 방문(신협)
　　　　(대출 할인율 75%+5%, 총 80% 가능(약 400,000,000원)
　　　　골조공사 완료 후 추가 대출 200,000,000원 가능
　　　　→ 총 600,000,000원 대출 가능
　　　　- 기존 건물(토지)주 역모기지론 총 2,700,000,000원 설정 중
　　　　→ 잔금 처리일 상계 해지 처리 가능
09. 22 - 토지 매매 계약 체결
　　　　계약금 49,000,000원 이체(총 50,000,000원 지급)

09. 27 - 신협 대출 입보, 약정서 작성 및 서류 제출
       - 대출금 400,000,000원 대출
10. 18 - 추가 서류 제출(도급계약서, 공사비 내역서, 사업계획서)
10. 26 - 신협 서류 추가 제출(유치권 포기 각서, 건축도면 1부)
       - 인터넷 뱅킹 신청
10. 27 - 매매대금 입금(50,000,000원)
11. 01 - 매매대금 입금(25,000,000원)
11. 02 - 잔금 지급일(잔금 475,000,000원)
       - 제세비용 입금(11,114,870원)
       〔인지세, 약정수수료, 채권할인비용, 소유권이전비용(토지 등록세)〕
       → 비용 정산(총 536,102,430원)
       (계약금 50,000,000원+중도금 475,000,000원+제세비용 11,102,430원)
       - 대출 실행
       (대출 원금 400,000,000원, 이율 연 4.102%, 이자 기산일 매월 2일)
       - 신협 서류 추가 제출(사업자 사본, 대표자 신분증 사본)
       → 유치권 포기각서 첨부용
11. 03 - 부동산 중개 수수료 지급(2,000,000원)
       - 공과금 정산 확인 및 열쇠 수령
11. 06 - 현장 도시가스 철거 신청
       - 건축물 철거 멸실 신청(철거업체 ○○)
11. 09 - 건축허가 신청(○○구청, 세움터)
11. 14 - 인접지 선물 구매비 및 기타 비용 입금(1,000,000원)
       - 기존 철거 멸실 신청 취하
       - 신규 철거업체(○○토목) 미팅
       (철거공사 견적가 11,810,000원/결정 11,500,000원)
11. 17 - 경계측량 신청

11. 20   – 건축허가 처리 완료(2017-건축과-신축허가-○○○)

        – 경계측량 수수료 이체(665,500원)

11. 21   – 등록면허세 2건 및 채권 할인(78,205원)

11. 23   – 인접지 공사안내문 및 선물 전달

11. 24   – 철거공사(11. 24~11. 28)

11. 27   – 철거공사 관련 보상비 지급(2,000,000원)

12. 01   – 공사감리자 지정

        – 공사감리계약 체결(감리비 6,200,000원)

        – 공사 착공 신고(○○구청, 세움터)

12. 04   – 공사감리비 선금 지급(330,000원, 부가세 포함)

12. 11   – 고용 산재보험 납부(2,303,430원)

12. 21   – 공사비 대출서류 제출(신협)

12. 23   – 12월 수도요금 납부(13,320원)

2018년

01. 09   – 12월 전기요금 납부(12,740원)

01. 12   – 건물현황측량 신청(402,600원)

01. 15   – 공사대금 이체(153,000,000원)

        추가 자금 유치(80,000,000원)

01. 18   – 공사비 대출 1차 실행(153,000,000원)

        – 약정수수료 5,355,000원/인지세 75,000원/채권할인 228,240원

        – 공사대금 이체(147,000,000원)

02. 08   – 공사비 대출 2차 관련 현장 공정률 점검

02. 12   – 공사비 대출 2차 실행(153,000,000원)

03. 05   – 공사 진행

오나건 TIP
주택의 종류와 차이

다가구주택
한 건물에 여러 가구가 살지만 주인이 한 명이므로 단독주택으로 분류된다. 가구별로 별도의 방과 부엌, 화장실 및 출입구 등을 갖춘 연면적 660㎡(200평) 이하, 3층 이하의 주택으로 2~19가구까지 건축할 수 있다.

다세대/연립주택
세대별로 주인이 다르다. 아파트처럼 한 건물에 주인이 여러 명인 공동주택이다. 따라서 전입신고를 할 때 다가구주택은 지번만 정확히 기재하면 되지만 다세대/연립주택은 지번은 물론 호수까지 정확하게 기재해야 유효하다.

다세대주택과 연립주택의 차이는 면적이다. 둘 다 4층 이하이나 다세대주택은 연면적 660㎡(200평) 이하, 연립주택은 연면적 660㎡(200평) 이상이다.

상가주택
상가주택은 점포나 사무실만 있는 상가건물과 달리 점포 겸용 주택이다. 즉 상가가 아닌 집이다. 따라서 상가주택이 들어설 수 있는 곳은 제한된다. 1종/2종 주거용지, 신도시 단독주택용지 내 점포겸용단독주택용지 등에만 지을 수 있다.

오나건 TIP
상담과 실천 사례

'오나건' 멤버들의 상담 사례

Q1

여윳돈을 이용하여 송파구에서 건설하는 도시형생활주택(1세대)을 매입하여 임대를 하려고 합니다. 기존 주택(아파트 1채)을 소유하고 있는 상황에서 추가로 도시형생활주택을 매입하면, 1가구 2주택에 저촉되는지 여부와 만약에 저촉된다면 재산세, 양도소득세 등 세무관계에 있어 어떤 불리함이 있는지 문의드립니다. 또한 부가가치세 신고대상 여부 및 신고대상이 아닐 경우 세무서에 별도의 사업자 등록을 하지 않아도 되는지 여부도 문의드립니다.

A

나홀로 가구, 1·2인 가구의 급증에 따라 소형주택에 대한 수요는 증가일로에 있는데, 이는 주택 외에 음식점, 영화관, 백화점 등 편의시설도 1인 가구에 걸맞게 변화하고 있습니다.

질의에서는 도시형생활주택을 취득할 때 사업자등록을 하는 경우와 일반 취득 시의 경우로 구분할 수 있고, 도시형생활주택도 주택이므로 다주택자 산정 시 고려합니다.

단, 임대사업자 등록 시는 취득세에 대하여는 전용면적 $60m^2$ 이하는 면제하고, 재산세는 $40m^2$ 이하는 면제입니다.

그리고 부가가치세법상 주택 임대는 면세대상이므로 부가가치세는 발생하지 않으며, 종합부동산세와 관련해서는 기존 주택과 합산하지 않고 임대주택에 대해서는 종합부동산세를 과세하지 않습니다. 또 양도 시 일반세율이 적용됩니다.

Q2
상암동 상암주공을 소유 및 거주하는데, 다른 곳에 비해 상암동주공아파트가 상대적으로 덜 오른 것 같습니다. 상암동주공아파트 가격이 오를 가능성이 있나요?

A
가격 상승의 여력이 있습니다. 그 첫 번째가 전철의 계획인데 전철이 들어서면 집값이 오르는 건 따로 설명 드리지 않아도 되겠지요? 그중에서도 호재인 '수도권 서부지역 광역철도'는 정말 중요한 소재입니다.

수도권 서부지역 광역철도(원종~홍대입구선)
타당성 : 노선안의 효율성 및 장래 교통수요 예측 등을 통해 분석된 비용편익비(B/C) 값이 1.01로 경제적 타당성이 있는 것으로 나타났다. 또 광역철도 건설을 위한 충족요건도 갖추고 있으며, 지역 간 대중교통 편의 제공, 서부권 경제적 효과 상승, 문화적 교류 창출, 고용 창출, 지역 발전성에 따른 삶의 질 향상, 통행 시간 및 비용 절감, 지자체 간 추진 의지 등 정책적 타당성도 높은 것으로 보고되었다.

노선 : 최종안은 소사~대곡 복선전철 원종역(부천시 오정구)에서 서울지하철 2호선 홍대입구역(서울시 마포구)까지 연장 17.3km(부천시 3.2km), 정거장 9개소(부천시 원종역, 고강역 2개소)이다.

원종역~화곡(까치산)~홍대입구선 광역철도가 추진될 경우, 수도권 서남과 서북권역 통행시간이 단축되어 서부지역 연계도로 정체 해소 및 교통혼잡비용 감소, 도시의 균형 발전을 통한 교류 활성화 등 서부지역 개발에 따른 교통수요 완화에 큰 도움을 줄 수 있을 것으로 기대된다.

DMC역은 공항철도, 6호선, 경의중앙선 등 3개 노선이 지나는 핵심 입지로 잘 알려져 있고, 서부광역철도까지 개통이 확정되면서 총 4개의 노선이 지나는 쿼드러플 단지로 본격 도약하게 된다. 상암은 서울 주요 지역을 20분 내외로 이동할 수 있어 직주근접 단지로도 손색이 없다.

Q3

안녕하세요? 저는 현재 삼성OO에 다니고 있는 박OO 부장이라고 합니다. 유명한 공저 《나는 매일 부동산으로 출근한다》가 동네 구립도서관에 다년간 베스트셀러로 선정되어 있기에 다시 읽어보다가 제 고민을 좀 의논해보려고 이렇게 메일을 보냅니다.

저는 다음 달에 해외 주재가 예정되어 중동의 요르단으로 4~5년 정도, 길면 6년까지 해외에 나가 있을 예정입니다. 현재 자가 소유로 강남구 도곡1동 OO아파트 41평을 소유하고 있습니다.

아시겠지만 도곡1동이 2동이나 대치동하고는 다르게 집값 상승이 매우 더딥니다. 제가 이집을 11억 2,000만 원 정도에 샀는데, 요즘 같은 상승기에도 불구하고 부동산중개소에서는 아직도 호가 기준으로 14억 5,000만 원 정도 예상합니다(이것도 매우 높은 호가라고 합니다). 14억 5,000만 원에 현재 집을 판다면 같은 금액 또는 1억 원 정도 더 투자하여 구입할 만한 좋은 곳은 어디인지 알려주시면 감사하겠습니다.

A

반갑습니다. 국외로 나가셔서 우리의 기술력과 성실성을 널리 알릴 분을 뵈니 더욱 반갑습니다. 책을 보시고 믿고 의논해주시니 성의껏 답변하겠습니다.

강남권 부동산의 가격이 너무 많이 올랐지요? 재건축 규제를 40년으로 하겠다고 하니 주변부 신축아파트가 또 오르고, 풍선 한쪽을 누르면 다른 한쪽이 부푸는 풍선효과가 강남에 그대로 적용되는 것 같습니다. 강남은 새 아파트와 대단지에 대한 열망이 신드롬처럼 나타나는 것 같네요.

개포주공아파트가 대단지로 개발되면서 가격이 오르는 현상과 가락시영아파트를 재건축한 헬리오 등이 대표적인 예입니다. 어떤 분은 개포주공이 반포를 앞지를 것이라는 얘기도 하던데, 신축으로 진행되어서 아파트에 입주할 때는 그럴 수 있겠지만 반포를 재건축한다면 가격 주도권은 다시 반포로 돌아갑니다.

제 말씀은 뭐니 뭐니 해도 부동산의 제일 법칙은 입지라는 것입니다. 입지가 1등입니다. 처음부터 입지가 좋든지 새로 입지가 좋아지든지 말이지요. 비싸고 좋은 아파트는 대단지의 신축으로 전철역이 가깝고 공원도 있고 병원, 편의시설 좋고 한강도 조망되는 그런 아파트가 최고지요.

아파트를 선택할 때 중대형 평형은 쾌적성에 조금 더 비중을, 소형은 편의성과 학군에 조금 더 비중을 두시고요. 브랜드와 단지 세대수를 먼저 보세요. 1. 한강 2. 공원 3. 전철 4. 학교 5. 기업과 편의·상업시설을 순서대로 맞춰보세요.

그리고 그다음은 건물로 바꿀 수 있는 부동산을 선택하셔서 건물주의 꿈을 이루시길 바랍니다.

Q4

34평 아파트 매도 후 월세 나오는 건물로 갈아타고 싶은데, 어떻게 해야 할까요?

A

예금금리보다 수익성이 높고 은퇴 등으로 여전히 수요가 살아있는 수익형 부동산을 매수하려는 수요자가 많습니다. 먹자골목이나 역세권, 대학가를 중심으로 수익형 부동산을 찾아봐도 괜찮을 것입니다. 부동산 시장 침체기에는 수익형 부동산이 강세를 보였습니다.

    오피스텔과 도시형생활주택의 경우 임대수익은 높지만 감가상각이 심한 상품입니다. 상대적으로 매력이 떨어지죠. 경전철 예상 지역, 전철연장선 끝라인의 다가구주택을 매입하는 것도 유리합니다.

Q5

외국인 민박업을 신청하고 싶은데 어떻게 하는지요?

A

지역별 담당부서는 다르겠지만 공통적인 내용은 다음 표와 같습니다.

외국인 관광 도시 민박업 지정 신청 방법			
처리기간	17일	담당부서 연락처	서대문구 지역활성화과 관광활성화추진팀 전화 : 02-330-1672 팩스 : 02-3140-8378
지정가능 건축물		단독주택	건축연면적 230㎡ 미만(약 68평)만 신청 가능
		다가구주택	사업자의 신청 면적이 230㎡ 미만이면 신청 가능
		다세대주택	해당 호실의 전용면적이 230㎡ 미만이면 신청 가능
		아 파 트	해당 호실의 전용면적이 230㎡ 미만이면 신청 가능

지정불가 건축물	오피스텔(×), 원룸(×), 고시원(×), 위법건축물(×)
신청 절차	서류 제출 → 결격사유 조회 → 현장점검 → 지정증 발급
구비 서류 및 조건	1. 신청 기본 요건 • 지정 가능 건축물일 것(건축물대장 확인) • 아파트 및 공동주택의 경우 공동주택관리규약에 따른 관리주체로부터 동의서를 받아와야 함(예 : 아파트 관리사무소장의 동의서 등) • 주민등록상 전입신고 되어 있어야 하며 해당 시설에 사업자가 직접 거주하여야 함 2. 제출서류 및 내역 • 신분증 • 신청서(구청 비치) • 시설의 배치도 또는 평면도 및 사진 • 주민등록등본(전입 확인) • 성명, 주민등록번호, 등록기준지(구 : 본적지)를 기재한 서류(예 : 기본증명서 또는 가족관계증명서) ※ 제3자 위임 시 • 위임장(인감도장 날인) 및 인감증명서 첨부 • 대리인의 신분증 지참 ※ 외국인의 경우 • 학교 : 범죄경력조회 회보서(마포경찰서 외사과) 및 후견등기사항 부존재 증명서(서울가정법원에서 발급) • 그 외 외국인 : 재외공관공증법에 따른 공증서 제출 ※ 상호에 관광숙박업의 일종인 '호스텔'이 들어가는 명칭 사용 불가
지정신청 접수비	20,000원
면 허 세	67,500원 (최초 등록증 발급 후 납부하며, 추후 매년 1월 납부)
현장점검 확인내용	1. 소방대책 현장 실사 전까지 각 방마다 화재경보기(단독형), 소화기, 비상용 플래시, 화재대피도(B4용지 크기) 구비할 것 ※ 3층 이상일 경우 완강기, 2층 이상일 경우 계단에 유도표지 설치 2. 실제 거주 여부 3. 외국어 가능 체계 여부
근거 법령	관광진흥법 시행령 제2조제1항제6호카목

이 기준대로 맞춰서 준비하고 어떻게 운영할지에 대한 생각을 정리하여 홍보한다면, 일반주택을 게스트하우스로 바꾸어서 수익이 나는 구조로 만들 수 있을 것입니다.

'오나건' 멤버들의 실천 사례

역삼동 60 0-0 0
역삼역 주변은 파이낸스빌딩이 있고 보험, 금융회사들이 많은 곳이다. 원룸, 투룸 및 상가가 밀집되어 있고 오래된 빌라도 많다. 주거지로는 아파트보다 다가구주택이나 단독주택, 다세대주택으로 구성되어 있다. 지역의 특성을 보고 거기에 맞는 업종으로 유치해야 하는데, 역삼동은 소매점 위주와 원룸, 투룸 건물로 된 상가주택이 좋을 것이라는 판단하에 연립주택을 상가건물로 변신시켰다.

서초동 15 0 0-0 0
서초동은 교대역을 도보로 이용할 수 있는 곳으로 법원, 검찰청, 교대가 주위에 있다. 이곳의 특징은 세입자의 수준이 매우 높다는 점이어서 월세에 대한 연체 걱정이 없고 조용하다는 장점이 있다. 이는 건물을 관리하는 임대주 입장에서는 굉장히 좋은 조건이다. 특히 교대역은 더블역세권으로 2호선과 3호선을 이용할 수 있다는 장점이 있다.
　상업지역이 인근 지역으로 확장되는 케이스로 성공 가능성이 크다고 판단하여, 이곳의 단독주택을 상가건물로 바꿔서 수익을 올렸다.

양평동 4가 2 0 0-0
준공업지역의 용적률을 이용해서 건물로 바꾼 경우이다. 양평동 주택의

좌 상암2종주거지역에 방송국이 들어서면서 상업지역처럼 변했다. 우 홍대입구역 백화점 공사 현장

입지는 준공업지역이 주거지역으로 변신하면서 상업지역화되는 곳으로, 한강변에 위치한 황금노선이라는 지하철 9호선 선유도역이 3분 거리에 있다. 골목 안의 단독주택을 상가건물로 바꾸어서 성공한 경우이다.

신당동 10 0-0
중구는 업무시설에 비해 주거용 주택이 부족한 지역이다. 수요공급원칙에 의해서 공급이 부족한 곳이다. 지하철 2호선 신당역과 동대문 그리고 시내 중심에 있다는 장점이 있어, 단독주택을 근린생활시설 및 투룸주택으로 바꾸었다.

수색동 3○○-○
디지털미디어시티역과 수색역, MBC 건너편 대단지 아파트가 들어서는 곳 옆에 있는 주택이다. MBC상암 방송가에 대한 접근성이 좋아지는 장점과 아파트군으로 변하는 지역이므로 주택을 한발 앞서 매입하여 상가 건물로 바꿀 준비를 했다. 향후 주거지역이 상업지역처럼 변한 상암동 먹자골목처럼 변할 수 있는 지역이다.

홍대입구역 근처 주택
애경백화점이 들어서면 그 주변부 부동산 가격이 상승할 것이다. 2018년 하반기에 가격이 가장 많이 달라질 곳이라 본다. 동교동 로터리 옛 린나이 빌딩 뒤쪽 빌라와 연희동 대우아파트는 가장 수혜를 많이 받을 것이다.

CHAPTER 3

돈 되는
부동산
고르는 법

01
투자의 흐름을 만드는 요인

역시 수요와 공급의 법칙

평생 일하지 않아도 될 만큼 물려받은 재산이 많지 않은 한 누구나 살아가는 데 필요한 최소한의 경제적 능력은 갖추어야 하고, '무소유'의 삶을 지향하지 않는 한 누구나 부자가 되고 싶어 한다. 그래서 우리는 부동산 투자를 한다. 부동산 투자는 부자가 되기 위한 수단인 동시에 최소한의 경제적 능력을 갖추는 일이기도 하다.

부동산 투자로 부자의 대열에 오르는 투자자들은 실상 많지 않다. 나름대로 계획을 세우고 종잣돈을 마련하고 실제 투자에 적극적으로 나서지만 역부족일 때가 많다. 돈 되는 부동산을 보는 눈이 부족하기 때문이다. 그렇다면 돈 되는 부동산은 어떤 부동산일까? 먼저 부동산 가격이 어떻게 형성되는지부터 알아보자.

부동산 가격에 가장 큰 영향을 미치는 요인은 최종적으로 수요와 공급이다. 부동산 역시 공급에 비해 수요가 많으면 가격이 오르고, 반대로 수요에 비해 공급이 많으면 가격이 떨어지는 경제의 기본 법칙을 따른다.

다만 다른 소비재와 다른 점이 있다면 정부 정책과 언론에 의해 큰 영향을 받는다는 점이다. 부동산이 정부 정책에 민감할 수밖에 없는 이유는 그에 따라 부동산의 가치가 변하기 때문이다. 그래서 정책을 잘 읽는 것만으로도 부동산 트렌드와 발전 방향은 대부분 파악이 가능하다. 예를 들어 국토계획법의 기본계획과 관리계획 중 지역 단위의 기본계획만 잘 읽을 수 있어도 어느 지역이 더 많은 가치 상승을 할지 바로 알 수 있다.

법률 환경도 중요하다. 부동산과 관련한 법은 이루 말할 수 없을 만큼 많지만 사회적 이슈가 될 만한 법률 환경이 바뀌면 시장은 이에 바로 반응한다. 부동산에 관련된 법은 크게 부동산의 이용에 관한 부분, 소유에 관한 부분, 거래에 관한 부분으로 나뉜다. 거래를 제한하거나 풀어주는 행위의 정도가 법률 환경에 의해 영향을 받는다. 이런 부분만 잘 볼 수 있어도 부동산 투자에 실패할 확률은 현저히 낮아진다.

"부동산 시장에 가장 큰 영향을 주는 요인은 무엇인가?"라는 질문에 정부의 정책이라고 응답한 숫자가 압도적으로 많았던 설문조사 결과를 본 적이 있다. 정책의 방향에 따라 부동산 가격의 흐름이 크게 변동한다는 사실을 많은 이들이 이미 경험으로 알고 있다는 방증일 것이다.

언론도 부동산에 매우 큰 영향을 미친다. 어떤 면에서는 정부 정책보다 더 막대한 영향력을 갖고 있다. 이를테면 TV 뉴스나 신문에서 부동산 시장 전망이 어둡다고 보도하면 사람들의 심리가 싸늘하게 식어버린다. 게다가 부동산을 살 때는 단독으로 결정하지 않는다. 부부가 의견의 일치를 보아야 하고 부모와 상의해서 결정하게 된다. 그 가운데 한 명이라도 반대하면 매수하기 어렵다. 반대로 특정 지역의 가격이 크게 오른다는 보도가 나오면 앞다투어 매수에 참여하려 한다.

이렇게 해서 부동산 시장이 과열되면 언론은 부동산 가격을 안정시켜야 한다는 신호를 보내기 시작한다. 베이비붐 세대 은퇴니 인구 감소니 하면서 10년 후에 걱정할 일을 마치 1년 후에 일어날 것처럼 기사를 다루고 호들갑을 떤다. 이런 보도들이 국민적 공감대를 형성하면, 그리고 부동산 가격이 정부의 경제 운영에 부담이 된다는 판단이 들면, 정부는 강력한 부동산 가격 안정 대책들을 발표

한다.

　언론과 정부 정책이 투자의 흐름을 만든다. 이런 흐름을 무시하고 부동산 투자를 하면 손해 보기 십상이다. 그러나 상승할 때는 가파르게 상승하고 그 후 일시적으로 하락하면서 잠복기를 거친 후 다시 상승하는 것이 부동산 가격이다. 정부가 집값을 잡기 위해 대출 제한이나 세금 강화 등 새로운 규제를 만들어도 소리 없이 가격이 오른다. 결국 시간과 겨루는 싸움이다. 안전한 투자를 원한다면 3년 이상 장기 보유하는 것이 유리하다. 그러려면 수십 년을 같이 살 배우자를 고르듯이 투자 대상을 신중하게 고르는 것이 좋다.

저평가된 부동산의 앞날

1962년에 시작된 경제개발계획의 성공으로 한국은 급속한 경제 발전을 이루었고, 인구가 증가하면서 부동산 가격도 큰 폭으로 상승했다. 하지만 모두가 알다시피 이제 과거와 같은 높은 성장은 기대하기 어렵다. 인구 증가율 또한 세계 최저 수준이다. 아니, 인구 감소를 걱정해야 할 처지다. 따라서 과거처럼 급격한 부동산 가격 상승은 보기 어려울 것이다.

　젊은이들을 중심으로 한 결혼 기피 현상, 고령화 사회로의 진입 등이 원인일 텐데 그와 동시에 1인 가구도 빠르게 늘고 있다. 전체가구 수의 20%를 이미 넘어섰고 2020년에는 21.6%로 늘어나 1인 가구가 410만 9,000가구에 달할 전망이다. 따라서 전체 주택 수요는 증가할 것이며, 가격 상승도 완만하게 지속될 것으로 예상할 수 있다.

그렇다면 중대형 평형 가격은 어떻게 될까? 앞으로 하락할 것인가, 아니면 반등할 것인가. 중대형 아파트 가격의 하락은 분가에서 비롯되었다. 독립 혹은 결혼으로 인한 자녀들의 분가로 방 4개 가운데 3개가 비어버린다면 그 적적함과 쓸쓸함으로 집은 온기를 잃어버린다. 그러니 중대형 평수가 인기를 잃을 수밖에.

그렇다면, 우리처럼 자녀들의 분가로 소형 평형이 각광받던 일본은 왜 중형 평형의 인기가 높아진 것일까? 바로 합가 때문이다. 독립선언을 했던 자녀들이 다시 부모 집으로 들어오고 결혼한 자녀가 배우자와 함께 돌아오면서 큰 집이 필요해졌기 때문이다. 그리고 자녀들이 다시 돌아온 이유는 도심에서 살아가는 데 드는 주거비가 너무 많이 올랐기 때문이다.

너무 많이 올랐다고 느끼는 때, 그래서 합가를 결심하는 때는 월세가 월급의 3분의 1을 넘어서는 시점이다. 우리나라의 예를 살펴보면 강남이나 역세권의 다세대주택 월세는 60만~80만 원 수준이다. 공과금을 포함하면 한 달에 100만 원 정도가 든다. 급여를 300만 원은 받아야 유지할 수 있다. 그 금액을 넘어서면 주거비에 압박을 느낄 수밖에 없다.

지금 저평가 받고 있는 중대형 평형이 반란을 일으킬 날이 그리 멀어 보이지 않는다. 저평가된, 즉 잠재 가치에 비해 가격이 저렴한 부동산이 돈이 되는 부동산이다. 중대형 평형은 충분히 주목해볼 만하다.

[오나건 TIP
알아두면 좋은 대출 관련 정책]

LTV(Loan To Value)

담보대출비율을 말한다. 즉 담보 가치 대비 최대 대출 가능 한도를 뜻한다. 가령 집을 담보로 돈을 빌려준다면 집의 가치를 얼마로 보고 대출을 해줄 수 있는가이다. 보통 기준 시가가 아닌 시가의 일정 비율로 정한다.

신DTI(Debt To Income)

DTI는 총부채상환비율로, 대출 한도를 소득 대비 상환 능력으로 따져서 정하는 것이다. 즉 소득에 준해서 대출을 해주겠다는 의미다. DTI는 새 주택담보대출 원리금 상환액과 기존 주택담보대출 이자 상환액을 연소득으로 나누었다.

신DTI는 새 주택담보대출 원리금 상환액과 기존 주택담보대출 원리금 상환액을 연소득으로 나눈 수치다.

DSR(Debt Service Ratio)

원리금 상환액 비율이라는 뜻이다. 1년 동안 갚아야 하는 모든 대출의 원리금을 연소득으로 나눈 것으로, DSR 대출 규제는 2018년 10월부터 본격적으로 시행될 예정이다. 주택담보대출뿐만 아니라 학자금대출부터 마이너스 통장, 자동차 할부금까지 모두 대출로 잡히기 때문에 강력한 가계대출 규제 정책이라고 할 수 있다.

02 사람과 돈이 몰리는 곳이 어디인가

서울도시기본계획 핵심 지역

외곽에 단독주택을 지어서 나갔던 고소득 노인들이 주거 환경이 편리한 도심 지역으로 돌아오고 있다. 지방으로 이주하기로 마음먹은 은퇴자들 역시 이주 계획을 접고, 대신 자신이 거주하는 지역이나 젊은 시절 거주했던 지역을 찾아다니고 있다.

일본도 다르지 않다. 고령자들의 도심 회귀 현상으로 도쿄의 지요다·주오·미나토구는 인구 증가 현상에 가속도가 붙고 있다. 지요다구는 인구가 계속 늘어 6만 297명을 돌파했고, 주오구는 2017년 1월 15만 명을 돌파해 2025년에는 20만 명으로 증가할 것으로 예상된다.

앞서도 언급했듯이 인구가 도시로 몰리는 현상은 한국뿐 아니라 세계적인 추세이다. 서울의 부동산은 점점 더 매력적이 되어가고 있다. 오는 2020년부터 2030년에 걸쳐 이루어질 서울도시기본계획을 참고하면 어떤 부동산이 돈이 될지 감을 잡을 수 있을 것이다.

다음은 서울도시기본계획의 핵심인 3도심·7광역·12지역이다.

3도심

3도심은 한양도성, 영등포/여의도, 강남이다. 한양도성은 역사와 문화 중심지로, 영등포/여의도는 국제 금융 중심지로, 강남은 국제 업무 중심지로 개발한다는 계획이다.

자치구

도심권 : 종로구, 중구, 용산구(56㎢, 58만 명)

동북권 : 성동구, 광진구, 동대문구, 중랑구, 성북구, 강북구, 도봉구, 노원구(171㎢, 326만 명)

서북권 : 은평구, 서대문구, 마포구(71㎢, 122만 명)

서남권 : 양천구, 강서구, 구로구, 금천구, 영등포구, 동작구, 관

서울의 5개 자치구

악구(163㎢, 317만 명)

동남권 : 서초구, 강남구, 송파구, 강동구(146㎢, 218만 명)

7광역

1. 용산

역사의 도시인 한양도성 내에서는 더 이상 고층건물이나 대형건물을 수용하기 어렵다. 따라서 이들을 흡수하고, 한양도성과 영등포/여의도와 연계해 업무 기능을 집적하는 것이 목표이다.

2. 청량리/왕십리

철도 및 환승 역세권의 잠재력을 활용하여 상업과 문화 기능을 집적한다.

3. 창동/상계동

창동차량기지 등 가용지를 활용하여 지역 내 고용 기반을 구축한다. 이로써 외곽에서 시내로 유입되는 통근 교통을 흡수하고, 서울 동북권의 자족성을 높인다.

4. 상암동/수색동

상암동, 수색동은 한강축에서 경의축이 갈라지는 교차점이며, 대규모 개발 가용지를 활용하여 서울 서부권의 고용 기반을 구축한다.

5. 마곡

김포공항 및 상암동과 연계해 지식 기반 산업을 창출한다.

6. 가산동/대림동

산업단지 및 구로차량기지 등을 중심으로 지식 기반 고용 기능을 확산한다.

7. 잠실

강남 도심과 연계, MICE 산업 등을 육성하여 국제적 관광·쇼핑 기반을 구축한다.

12지역

1. 동대문(도심권)
패션 산업 등을 통해 다양한 창조 산업을 육성한다.

2. 망우(동북권)
지역 간 철도 교통을 기반으로 상호 문화 중심 기능을 집적한다.

3. 미아(동북권)
교통의 결절점으로 상업·문화 기능을 집적한다.

4. 성수(동북권)
건대 입구의 대학 잠재력과 성수중공업지역을 연계하여 지식 기반 산업 집적지로 전환한다.

5. 신촌(서북권)
신촌과 홍대 앞의 대학 잠재력을 활용하여 다양한 문화 산업 거점으로 육성한다.

6. 마포/공덕(서북권)
공항철도를 기반으로 기존의 업무 기능을 확대한다.

7. 연신내/불광(서북권)

교통의 결절점이다. 상업·문화 중심 기능을 집적하고, 사회 혁신 창조 클러스트를 활용한 신성장 산업을 육성한다.

8. 목동(서남권)

기존의 업무 및 상업 중심으로 자족 기능을 확대한다.

9. 봉천(서남권)

행정·상업·문화·대학에 특화된 기능의 융·복합을 통하여 서남권의 복합 업무 거점으로 육성한다.

10. 사당/이수(서남권)

동서 및 남북 간 교통의 결절점으로서 잠재력을 활용하여 고용 기반을 강화한다.

11. 수서/문정(동남권)

광역 교통 기능(KTX)과 연계하여 업무·R&D·물류 등 복합 기반을 구축한다.

12 천호/길동(동남권)

대규모의 배후 지역 개발에 따라 외곽에서 시내로 유입되는 통근

교통을 흡수하는 고용 기반을 구축한다.

교통망이 신설되는 곳

어떤 교통망이 개통되면 가격이 더 많이 오르는가. 직장과 접근성이 좋은 곳, 즉 중심권으로 이동이 좋아지면 부동산 가격은 오르게 되어 있다.

부동산 시장에서 확실한 호재는 새로운 교통편이 생기면서 서울, 특히 광화문, 여의도, 강남 사이의 이동 시간이 줄어드는 곳이다. 대기업들이 옮겨 가는 곳도 무조건 가격이 오른다. 한국 기업 가운데 부동산에 가장 밝은 기업은 S그룹이며 거대 유통기업인 L그룹 또한 부동산에 밝은 것으로 알려져 있다. 현재 이들이 가장 많이 모여 있는 곳이 강남이다.

신도시 가운데 일산보다 분당의 부동산 가격이 높은 이유는 강남에 대한 접근성 때문이다. 같은 이유에서 지하철로 30분 안팎에 강남으로 접근할 수 있는 금호동과 옥수동의 부동산 가격이 비싸다. 용인 수지도 마찬가지다.

강남에 대한 뛰어난 접근성 때문에 강남 부자들은 강남의 대체 주거지로 분당을 선택했고, 강남 주민들은 자녀들의 집을 마련하기 위해 금호동과 옥수동의 재개발 아파트에 투자해놓았다. 용인에서 가장 집값이 비싼 수지의 많은 주민이 강남에서 이주해온 이들이기도 하다.

이처럼 교통은 부동산의 입지에서 가장 중요한 부분이다. 그러므로 향후 교통이 획기적으로 좋아질 지역을 알아보자. 그곳에 기회가 있다.

GTX

GTX는 'Great Train Express'의 약어로 수도권 광역급행철도를 말한다. GTX 개통이 완성되는 2025년이면 수도권 전역을 1시간 이내에 이동할 수 있어 교통 환경이 획기적으로 개선된다. 출퇴근 시간이 80% 이상 단축되는 것이다. GTX A노선인 동탄~삼성역 구간은 77분에서 19분으로, GTX B노선인 송도~서울역 구간은 82분에서 27분으로, GTX C노선인 의정부~삼성역 구간은 73분에서 13분으로 단축된다. 이로 인한 수혜 지역은 다음과 같다.

- GTX A노선 : 파주 운정신도시, 일산(주엽동, 대화동), 용인(구성), 동탄신도시 등이다.
- GTX B노선 : 송도신도시, 남양주의 별내신도시, 다산신도시, 마석지구 등이다.
- GTX C노선 : 서울시 창동역, 광운대역, 청량리역, 경기도 과천역 일대 역세권이다.

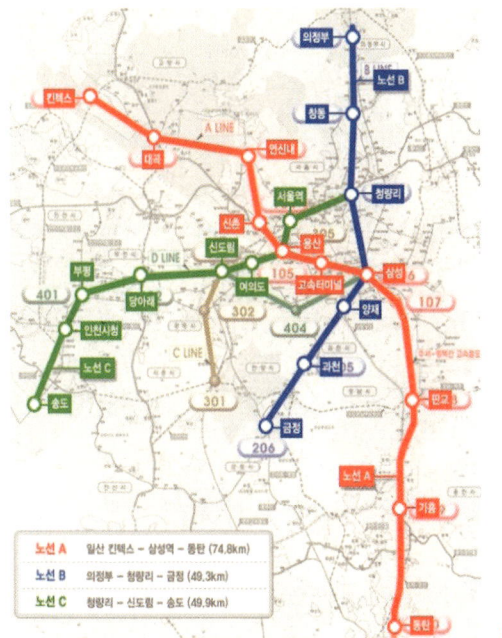

GTX 3개 노선안

경부선

국토교통부 자료에 따르면 GTX 외에 급행열차 구간이 확대되는 곳은 경부선, 분당선, 과천선, 일산선이다. 경부선은 2020년 상반기부터 급행열차가 34회 추가로 운행된다. 분당선은 2022년 상반기부터 전 구간이 급행으로 운행되어 21분 단축된다. 과천선과 일산선은 2022년 하반기부터 급행열차가 운행을 시작해 이동 시간이 각각 7분씩 단축될 것으로 예상된다.

신분당선 연장선

2기 신도시 가운데 판교를 제외하고 가장 가격 상승률이 높았던 지역은 광교신도시다. 광교신도시에는 두 가지 교통의 호재가 있었기 때문이다. 하나는 신분당선 연장선, 다른 하나는 서울시 강남구 세곡동까지 연결되는 용인서울고속도로 개통이다.

신분당선 연장선 2단계 개통으로 수혜를 본 지역은 용인시 동천 · 성복 · 상현 · 수지 지구 등이다. 3단계 개통은 2025년에 완성될 예정이다. 강남역~신논현역~논현역~신사역 구간은 2016년 하

신분당선 노선도

반기에 착공해서 2021년 하반기에 개통될 예정이고, 신사역~용산역 구간은 2019년에 착공해서 2025년 개통을 목표로 하고 있다. 강남역~용산역 구간 개통은, 용산국제업무지구 개발 사업의 실패로 침체되었던 용산지구가 미군기지 이전과 더불어 다시 가격 상승 분위기로 전환되는 기회가 될 것이다.

수서 SRT

수서 SRT는 2011년 5월에 착공해서 2016년 12월에 개통한 고속철도다. SRT는 'Super Rapid Train'의 약자로 강남구 수서역을 기점으로 해서 수서~평택고속선, 경부고속본선, 호남고속본선을 경유, 광주 송정역과 목포역까지 운행한다. 광주와 목포까지 이동하는 데 걸리는 시간이 획기적으로 단축되었을 뿐 아니라 수도권 서남부 지역에서 서울 강남까지의 접근성이 훨씬 좋아졌다.

수서동을 비롯해 인접한 내곡동, 일원동, 세곡동, 자곡동 등은 강남구에 소재하면서도 그동안 소외받던 지역이었으나 수서 SRT 개통으로 부동산 가격에 긍정적인 영향을 받았다. 이 지역 가격은 1년 동안 평균 17%나 상승했다.

경강선

경기도와 강원도를 연결하는 철도 노선으로 판교~여주, 월곶~판교, 여주~서원주, 서원주~신강릉 4개 구간으로 나누어 공사가 추진되고 있다. 2016년 1차로 개통된 곳은 판교~여주 구간으로, 판교—이매—삼동—경기 광주—초월—곤지암—신둔도예촌—이천—부발—세종왕릉—여주역을 잇는다. 경기 동부권의 주요 거점인 광주, 이천, 여주 중심부를 모두 통과한다. 이에 따라 지자체들은 해당 역세권을 체계적으로 성장시키는 데 발 벗고 나서고 있다.

경강선 KTX 개통으로 이날부터 서울역~강릉역까지 114분, 청량리역~강릉역까지 86분 시대가 열렸다. 이는 고속버스보다 74분, 기존 열차보다는 261분이 각각 단축된 '속도혁명'이다. 경강선은 기존 노선인 서울과 서원주까지 102.4km에 원주~강릉 간 120.7km 복선고속철도를 신설한 노선이다.

김포도시철도

김포도시철도는 2018년 10월 개통 예정이다. 총 9개역, 환승역 1곳으로 양곡—구래—운양—장기—걸포북변—사우—장기—고촌—김포공항을 운행한다. 김포공항역에서는 5호선과 9호선으로 환승할 수 있다.

김포도시철도가 지나가는 김포한강신도시는 2011년부터 본격적으로 개발되어 지금까지 상주 인구가 50% 이상 증가했다. 전국 상위 5%의 인구 증가율이다.

지하철과 가깝다는 것은 교통전쟁에서 비껴갈 수 있다는 것이고, 출퇴근 시간이 짧아짐으로써 여가 시간이 늘어난다는 뜻이며, 이는 곧 삶의 질과 연결된다.

　남양주 별내신도시, 다산신도시도 교통 오지에 해당되는 지역이었으나 지하철 8호선이 연장되고 GTX가 개통되면 강남까지 30분 이내로 접근이 가능해질 전망이다.

　하남시의 미사강변도시 역시 지하철 5호선 연장선이 개통되면, 서울시 강동구와 맞닿아 있고 한강 조망권이 탁월하다는 지리적 장점이 더해져 또 한 번의 가격 상승이 예상된다.

03
살기 편한 곳에 투자하라

학교가 가까운 곳

사람들은 왜 강남으로 몰릴까? 앞서 말했듯이 부가 이루어지고 그 부를 따라 사람들이 모이는 곳이 강남이기 때문이다. 여기에 한 가지 더, 예상하다시피 자녀 교육 때문이기도 하다. 교육열이 유난히 높은 한국에서 학교와 학원 등, 교육 환경은 부동산 가격에 매우 큰 영향을 끼친다.

부모들은 누구나 자녀를 좋은 학교에 보내고 싶어 한다. 자녀가 고등학생이라면 서울 소재 대학 진학률이 높은 학교, 중학생이라면 특목고나 외고, 자사고 등으로 진학하는 학생이 많은 학교, 초등학생이라면 혁신학교 혹은 사립초등학교를 선호한다. 몇 년 전 광명에서 제일 먼저 혁신학교로 지정된 구름산초등학교 근처 아파트 값이 큰 폭으로 상승한 적이 있다. 과밀 학급이 문제가 될 만큼 이 학교는 선호도가 높았다.

그러나 초등학교라면 무엇보다 집과의 거리가 중요하다. 어린 자녀가 매일 통학을 하는데 횡단보도를 여러 번 건너야 하고 한참을 걸어야 하거나, 혹은 마을버스를 타야 한다면 그 학교에 보내려는 부모는 많지 않을 것이다.

그래서 단지 내에 초등학교가 있는 아파트는 그렇지 않은 아파트에 비해 가격이 높다. 특히 어린 자녀를 둔 세대가 가장 많은 30평형대 이하 아파트가 초등학교의 영향을 많이 받는다.

학교가 가까우면 자녀를 통학시키기 쉽고, 인근에 유해시설이 들어설 수 없기 때문에 더욱 선호한다. 아이들이 다 커서 학교 근처를 선호하지 않는다 해도, 부동산은 내가 선호하는 곳이 아니라 다른 사람들이 선호하는 곳에 투자해야 돈을 벌 수 있다.

대형 마트가 가까운 곳

막 입주를 시작한 신규 아파트 단지 인근에 아직 대형 마트가 들어오지 않았다면 주부들이 제일 힘들어한다. 단지 내 상가의 작은 소매점에서 고기도 팔고 채소도 팔고 공산품도 팔지만 판매하는 품목 자체가 적고 가격도 비싸기 때문이다. 그래서 이마트나 홈플러스 같은 대형 할인마트가 아니라 이마트 에브리데이나 홈플러스 익스프레스 정도의 슈퍼마켓만 생겨도 환호한다.

백화점이나 아웃렛 등을 비롯해 대형 마트가 가까우면 생활하는 데 매우 편리하다. 그저 편리하다고만 말하기에는 부족할 정도로 이점이 많다. 이제 대형 마트는 단지 필요한 물건을 사고 돌아오는 곳이 아니라 여가생활을 즐기는 장소가 되었기 때문이다. 대형 마트와 백화점은 쇼핑센터일 뿐만 아니라 문화센터이기도 하다. 대부분 문화센터를 운영하고, 소극장을 갖춘 곳도 적지 않다.

평일에는 문화센터에 아이를 보내 발레나 그림, 바둑을 배우게 하고 소극장에서 어린이 뮤지컬을 관람시킨다. 주말이면 온 가족이 함께 장을 보고 외식을 하고 키즈카페에 간다. 한 공간에서 이 모든 일이 이루어진다.

대형 마트는 이미 우리 삶 깊숙이 자리를 잡았다. 없으면 허전하고 있으면 좋은 것을 넘어, 이제 없어서는 안 될 시설이 되었다. 취학 전의 어린 자녀, 영유아를 키우는 주부들에게는 더더욱 그렇다.

어린아이를 데리고 마음 편히 갈 수 있는 곳이 대형 마트 말곤 딱히 없기 때문이다. 쇼핑카트에 아이를 앉히고 이동하면 되니 장보는 데 몸도 편하다.

대형 할인마트는 부동산에 긍정적인 영향을 미친다. 생활이 편리해지고 사람들이 모이므로 주변 상권도 활기를 띤다.

공원이 가깝거나 한강이 보이는 곳

근처에 공원이 있으면 좋은 점이 한두 가지가 아니다. 사시사철 잘 관리되는 나무와 꽃을 보면서 일단 눈이 호사를 누린다. 공원 안에 풋살장이나 농구장이 마련되어 있기도 하고 운동기구가 곳곳에 놓여 있어 함께 모여 시합을 벌이거나 혼자 운동을 하기도 좋다. 다양한 식물과 곤충, 양서류를 관찰할 수 있는 어린이 생태학습장으로도 유용하다.

가까운 공원은 주민들의 쉼터이자 운동장이고 놀이터다. 공원이 가까우면 그렇지 않은 곳보다 부동산 가격이 높게 형성되는 것은 당연하다. 한강을 볼 수 있거나 한강공원을 쉽게 이용할 수 있는 곳도 마찬가지다.

그런데 이 같은 자연 환경을 누릴 만한 여유가 없는 이들도 상당수 존재한다. 멀어서가 아니라 바빠서다. 힘들게 일하고 퇴근한 저녁이면 집에서 쉬느라 공원을 이용할 여유가 없고 주말이면 밀린 집안일을 해결하고 부족한 잠을 보충하느라 또 공원 갈 시간이 없다.

반포에 있는 한강변 아파트가 재건축에 들어갔다. 조합원 K 노인은 세대 신청 마지막 날까지 20평형대를 신청해야 할지 40평형대를 신청해야 할지 고민했다. 영 답이 안 나오자 며느리에게 전화를 걸었다.

"애야, 오늘이 조합원 세대 신청 마지막 날인데 20평형대를 해야 하니, 아니면 40평형대를 해야 하니?"

"아버님, 중대형은 수요가 없어서 가격이 안 올라요. 요즘은 다들 식구가 많지 않아 소형 아파트가 대세랍니다. 20평형대 신청하세요."

이 말을 듣고 무릎을 친 K 노인은 그 길로 조합사무실로 달려가 며느리가 시키는 대로 했다. 그러자 직원이 말했다.

"어르신, 40평형대로 하세요."

"아니, 우리 며느리가 이걸로 하랬어. 그 애가 S대 나온 여자야."

하지만 며느리의 말은 틀렸다. 한강이 조망되는 아파트는 소형이 아니라 중대형 가격에 영향을 미친다. 그들만의 리그처럼 한강조망권이 보장되는 아파트는 50억이 간다고 해도 수요가 있다. 흔히 30억 원짜리 아파트에 왜 사느냐, 그 돈이면 깔고 앉아 있느니 월세 나오는 부동산 사서 편히 살겠다 할 것이다. 하지만 30억 원짜리 아파트에 사는 사람이라면 월세 나오는 건물도 갖고 있을 것이라는 사실을 간과한 것이다. 그런 사람들에게는 소형 아파트보다 중대형 아파트, 특히 한강이 바라다 보이는 아파트에 더욱 관심을 갖는다. 중대형 아파트 가격에 영향을 미치는 것은 당연한 사실이다.

[오나건 TIP

눈에 안 보인다면
아직 기회는 있다]

이미 눈에 보이는 것, 몸으로 느껴지는 것, 그런 부동산은 이미 가격이 비싸다. 없던 지하철이 생겨 출퇴근이 수월해지고, 대형 마트가 들어서서 생활이 편리해진 곳은 투자하기에 부담이 크다.

기회는 아직 아무것도 눈에 보이지 않는 곳에 있다. 호재가 발표되면 부동산 가격은 상승한다. 하지만 가장 많이 상승하는 때는 호재가 완성되어 작동될 때다. 지하철이 승객을 태우고 운행될 때, 대형 마트의 카트가 물건을 싣고 계산대로 향할 때, 거실에서 한강이 보일 때, 그 환경과 편의시설과 교통이 직접 몸으로 느껴질 때, 사람들은 비용을 더 주고서라도 그 부동산을 선택한다.

아직 눈에 보이는 것이 없을 때가 부동산의 투자 수익이 결정되는 때다. 싸게 사서 비싸게 파는 것이 투자의 원리다. 호재가 아직 완성되지 않았을 때 사서 완성되었을 때 파는 것이다.

오나건 TIP
매매계약서 작성 시 반드시 확인해야 할 점

현재 저평가되어 있으나 미래 가치가 충분한 부동산을 발견했다. 그래서 매매계약을 하기로 했다. 그런데 부동산 거래 시 심심치 않게 발생하는 사고들이 있다. 그 가운데 가장 심각한 사고가 잔금까지 치렀는데 소유권이전등기를 못하는 경우다. 소유권이전등기를 해서 내 부동산이 되었지만 실제로 사용하지 못하는 경우도 있다.

소유권이전등기를 하지 못하는 사고는 대부분 등기부등본상의 소유권자와 계약서상의 매도자가 다를 때 일어난다. 따라서 계약서를 작성하러 온 사람이 법률적 소유자가 맞는지 주민등록증을 보고 반드시 확인해야 한다. 만약 배우자나 자녀가 대신 계약서를 작성하러 왔다면, 위임장이 있어야 한다. 위임장 없는 대리 계약은 무효다.

04
부동산으로 출근하라

부동산은 배반하지 않는다

부동산은 아무리 생각해도 매력적인 투자 대상이다. 집 없이 살 수 있는 사람은 없기 때문에 누구에게나 꼭 필요한 것이 바로 부동산이다. 그러므로 가격 변동성이 적다. 가령 금융위기를 맞아 경제가 어려웠던 2008년에도 강남 지역의 아파트 가격 하락 폭은 2% 이하였다. 같은 시기, 주식은 어땠을까? 약 40%나 하락했다.

주식은 쉽게 반토막이 나도 부동산은 주식처럼 폭락하지도 않고 무용지물이 되어버리지도 않는다. 건물이 너무 낡아 쓸 수 없는 지경이 된다 해도 땅은 영원히 남기 때문이다.

부동산 값은 사실 땅값이다. 건물은 새로 지어진 때가 가장 비싸고 시간이 지나면서 감가상각이 일어나며 가치가 떨어진다. 누구나 헌 집보다 새 집에 살기를 원하고 그래서 전세나 월세 가격은 새 집이 더 비싸다.

하지만 시간이 지난다고 부동산 자체의 가격이 떨어지는 것은 아니다. 땅은 낡지 않기 때문이고, 똑같은 땅은 없기 때문이다. 부동산 가격이 오르는 것은 땅의 가치가 오른 것이라고 볼 수 있다. 그래서 보유하면서 내가 살다가, 혹은 남에게 빌려주고 임대료를 받으면서 잘 쓰다가 팔아도 중고라고 값이 떨어지지 않는다. 실컷 쓰고 났는데도 살 때보다 오히려 더 비싼 가격에 팔 수 있다.

물론 단점도 있다. 부동산은 투자 금액이 크다. 2%만 하락해도 5억 원짜리라면 1,000만 원의 손해를 본다. 반면 주식은 5억 원이나 투자하는 사람이 거의 없다. 5억 원이 있다면 주식이 아니라 부동산에 투자할 것이다. 그래서 부동산 투자는 대개 지렛대를 이용한다. 즉 대출을 활용한다.

부동산을 담보로 하면 대출이 쉽다. 이 역시 부동산의 장점이라고 할 수 있다. 대출은 부족한 투자 금액을 충당할 수 있게 해줄 뿐만 아니라 수익률도 높여준다. 내 돈이 그만큼 적게 들어가기 때문에 수익률은 높아질 수밖에 없다.

그러나 대출을 받으면 반드시 갚아야 하고 이자를 내야 한다. 통장에서 매달 꼬박꼬박 빠져나가는 대출이자 때문에 비싼 아파트를 소유하고 있어도 생활이 쪼들리고, 월세가 밀리거나 공실이 발생하면 상가 주인은 피가 마른다. 그래서 호재가 예상되어도 버티지 못하고 급하게 부동산을 내놓거나, 최악의 경우 경매로 넘어간다.

부동산 가격이 하락하거나 상승해도 폭이 크지 않다면 대출을 받았을 경우 손해가 막심하다. 그래서 부동산에 투자할 때는 상승 여력이 있는지 꼼꼼하게 살펴야 한다. 그렇게 좋은 물건을 잘 선택한다면 부동산은 투자자를 배반하지 않는다. 매일 힘들게 출근해서 잔업에 야근까지 해도 1년에 4,000만~5,000만 원 벌기 어렵지만 부동산은 잘 고르기만 하면 힘들게 노동하지 않고도 연봉 이상의 돈을 벌어다 준다. 물론 세상에 공짜는 없다. 많이 공부하고 발품을 팔아야 한다.

매일매일, 아침저녁으로 가보라

우선 저평가되어 있는 부동산에 눈을 돌려보자. 이런 물건들은 충분히 높은 가격을 받을 수 있는데도 시장의 주목을 받지 못하거나 아직 개발이나 교통 체계가 완성되어 있지 않아 현재 가격이 저렴한 것이다. 가격 상승을 억누르고 있는 악재들만 사라져도 다른 부동산보다 훨씬 높은 가격 상승을 기대할 수 있다. 교통 체계의 미비로 장기간 저평가되어 있다가 크게 주목을 받아 가격이 폭등했던 중계동과 쌍계동을 예로 들 수 있다.

누누이 말하지만 앞으로 호재가 있을 곳이 미래 가치가 높은 부동산이다. 현재 싸지 않더라도 앞으로 대규모 개발이나 재개발, 도로 개설, 지하철 개통 등의 계획이 있다면 많은 수익을 기대할 수 있다. 정확한 정보를 바탕으로 남들보다 한발 앞서 투자하는 것이 고수익의 지름길이다.

개발 계획을 따져보고 가지고 싶은 부동산이 생겼다면, 매매계약서에 사인을 하기 전에 직접 가보라. 내 눈으로 직접 보되 한번 훑어보는 것만으로는 부족하다. 출근하듯 매일매일 가보고 아침저녁으로 가보라. 앞에서도 언급했듯이 운전해서도 가보고 지하철로도 가보고 버스로도 가보라.

자동차를 가지고 간다면 운전해서 주위를 돌아보며 도로 사정과 주차 편의성 등을 살펴보고, 지하철로 간다면 역에서 도보로 얼마나 걸리는지 시간도 재보고, 버스를 타고 간다면 제일 가까운 버스정류장은 어디인지, 운행하는 버스는 많은지, 지하철과 연계가 잘 되어 있는지도 알아본다.

장점은 부각하고 단점은 축소해서 말하는 중개인의 말만 믿지 말고 내 눈으로 몇 번씩 보고 또 봐야 부동산의 진정한 가치를 알 수 있다. 해당 물건뿐만 아니라 주변 물건도 주의 깊게 보고 시세도 파악한다. 주변 물건에 비해 시세는 저렴한지, 장점은 무엇이고 단점은 무엇인지 알아본다.

아침에 가보고 저녁에도 가봐야 유동인구가 얼마나 되는지도 알 수 있다. 주로 어떤 사람들이 오고가는지, 젊은이들이 많이 찾는 곳인지, 나이 든 이들이 주로 오는지 알 수 있다. 학교나 대형 할인 마트, 병원은 얼마나 가까운지, 유해시설이나 기피시설이 있는지도 눈으로 확인해봐야 한다.

그래서 한 번 가보는 것만으로는 부족하다. 옷 한 벌을 살 때도 입어보고 사야 실패하지 않는다. 옷이나 신발을 인터넷으로 구입할 때 가장 큰 단점이 손으로 만져보지 못하고 착용해보지 못한다는 점이다.

부동산도 마찬가지다. 직접 살아보는 것이 최선이겠으나 그러지 못하니 여러 번 답사해보고 판단해야 한다. 여러 번 봐야 안 보이던 단점이 보이고, 미처 몰랐던 장점이 눈에 띈다. 현장 답사는 부동산을 제대로 보는 가장 좋은 방법이다.

오나건 TIP
임대료, 얼마나 받을 수 있을까

문재인 정부는 다주택자에게 양도세를 중과하고 장기보유특별공제도 폐지했다. 대신 임대주택사업자등록을 하면 양도세 중과를 면제해주고 장기보유특별공제 혜택도 계속 받을 수 있다. 임대주택으로 등록이 가능한 부동산은 건축법에서 정한 단독주택, 다세대주택, 아파트, 오피스텔 등이다. 무허가주택이나 주인이 거주하는 주택은 등록할 수 없지만, 여러 세대가 살 수 있는 다세대/다가구주택은 집주인이 거주하더라도 임대주택으로 등록할 수 있다.

주택의 크기 제한은 없으나 오피스텔은 85㎡ 이상 가능하고 주방을 갖추어야 한다. 등록할 수 있는 주택 수도 제한이 없다. 다주택자라면 무거운 세금을 피하기 위해 임대주택사업자등록을 하는 것도 좋은 방법이다. 단, 인센티브가 있는 만큼 다음과 같은 제약도 따른다.

임대료를 인상할 때
임대료를 인상하는 데는 제한이 있다. 직전 임대료에서 최대 5%까지만 인상할 수 있다. 세입자가 새로 들어와도 마찬가지다. 다른 세입자와 새로 임대차 계약을 할 때도 이전 임대료의 5% 이하로만 인상할 수 있다.

전세를 월세로 전환할 때
전세 보증금을 월세로 전환할 때 예전에는 전환 비율이 14%였지만 법이 개정되어 10% 이하로만 가능하다. 전세를 월세로 전환할 때 적용하는 이율 계산은 다음과 같다.

$$\frac{월세}{전세보증금 - 월세보증금} \times 100$$

임대 계약을 갱신할 때

임대 계약이 끝났을 때 주인은 계약 갱신을 거절할 수 없다. 임대 의무기간은 단기 임대는 4년, 준공공 임대는 8년으로, 임대차 계약을 갱신할 때 자동으로 인정된다. 단, 3개월 이상 연속해서 월세를 연체하거나 동의 없이 시설을 변경하는 등 명백한 잘못이 있다면 갱신을 거절할 수 있다.

05
돈이 없어도 당장 준비하라

가격의 변화를 미리 알 수 있다

부동산 가격은 장기적으로 상승할 것이다. 이변이 없는 한 경제 성장률은 꾸준히 유지되고 GDP도 늘어나기 때문이다. 다만 부동산 가격은 경제 성장률대로, GDP 증가율대로 오르지는 않는다. 어떤 타이밍이냐에 따라 상승률이 다르고 지역에 따라서 큰 차이가 난다. 가령 서울과 지방의 부동산은 가격 자체도 차이가 많이 나지만 상승 수준도 큰 차이를 보인다. 한마디로 오르는 곳만 오른다고 봐야 한다.

부동산 가격은 종류에 따라서도 변동을 보인다. 과거 부동산 가격 상승을 이끈 것은 1987년과 1988년의 경우 개발지역의 토지와 아파트였고, 1989년에는 단독주택이었다. 1990년대 말 IMF 외환위기로 부동산 가격이 크게 하락했을 때 가장 먼저 회복된 것은 대도시 아파트와 상가주택, 빌딩이었으며, 토지는 경기도의 전원주택용지와 그린벨트 지역이었다.

계절에 따라서도 가격은 변한다. 봄과 가을의 이사철에 가격이 가장 많이 상승하는데 상승 폭은 봄철이 더 크다.

이처럼 부동산 가격은 다양한 요인에 의해 변동한다. 이런 가격 변동을 예측할 수 있다면 투자 성공률은 훨씬 높아진다. 부동산 경기는 증권 시장이 활황을 보인 시점부터 1년쯤 지난 뒤부터 활성화되는 것으로, 경기 침체에서 벗어나 소득이 늘어나면 6~9개월이 지난 시점부터 부동산 경기가 회복되는 것으로 알려져 있다. 매일 경제 기사를 읽고 경기의 흐름에 관심을 가져야 하는 이유다.

참고로, 가격 상승 3단계설도 있다. 일본의 땅값 상승 경험에서 나온 것으로, 개발계획이 발표되면 땅값이 3배 오르고, 공사가 시작되면 또다시 3배가 오르며, 완공되면 마지막으로 한 번 더 3배 오른다는 설이다.

또한 부동산 가격 변동에는 주기가 있다. 지난 30년 동안의 추이를 보면 상승세를 보이다가 하락한 다음 보합하고 다시 상승한다. 일정한 수준으로 매년 꾸준히 오르는 것이 아니라 상승과 하락, 보합을 반복한다. 가령 10년 전보다 2억 원이 오른 부동산이 있다고 하자. 10년 동안 2,000만 원씩 오른 것이 아니라 상승기에 2억 원이 오른 것이다.

이러한 주기와 흐름을 안다면 부동산 매입과 매도의 타이밍을 결정하는 데 큰 도움이 될 것이다. 결국, 관심이 중요하다. 평생의 가장 큰 소비이며 전 재산이 투입되고 대출까지 필요하게 되는 부동산 투자는, 평소 꾸준한 관심을 가지고 공부하면서 준비하고 있어야 한다. 그래야 고민하고 갈팡질팡하느라 타이밍을 놓치지 않을 수 있다. 좋은 물건은 매물로 나오는 즉시 눈 밝은 투자자의 손 안으로 들어간다.

직선보다 커브길 전략

수익형 부동산 투자뿐만 아니라 내 집 마련을 위해서도 부동산에 대한 관심을 놓지 말아야 한다. 거주 비용으로만 보면, 보증금을 내고 살다가 되돌려 받는 전세가 가장 이익이다. 하지만 수도권 아파트의 경우 전세가가 매매가의 80%까지 다다랐다. 전세로 거주하려 해도 대출을 받아야 할 상황이다. 게다가 계약이 끝나면 보증금을 올려주거나 이사를 가야 한다는 부담이 더해진다.

가족과 함께 안정적으로 거주할 내 집을 마련하는 것은 필수다. 일단 내 집 마련을 하고, 그 집을 불려나가면서 건물주의 꿈에 다가가야 한다. 집 한 채는 돈을 불려나가는 훌륭한 자산이다.

내 집 마련이 되었다면 이제부터 커브길 전략을 써야 한다. 직선 주로에서는 무조건 빠른 사람이 잘 달리고 최종 승자가 된다. 그러나 커브길에서는 단지 빠른 것만으로는 부족하다. 속도를 조절할 줄 알아야 하고, 균형을 잃지 말아야 하며, 순간 흔들려도 다시 중심을 잡고 달려 나가야 한다.

부동산 투자 역시 무조건 돈 많은 사람이 이기게 되어 있다. 돈을 버는 것은 사람이 아니라 돈이다. 원금이 크면 이자도 크고 투자 금액이 많으면 수익도 많다. 게다가 돈이 많으면 가장 좋은 타이밍까지 얼마든지 기다릴 수 있다. 가령 재건축이 언제 시작되는지 알 수 있다면 큰돈을 벌 수 있지만, 당장 철거가 시작되고 공사에 들어가는 것이 아니다. 여러 요인에 의해 철거가 5년 후, 10년 후에 시작될 수도 있다.

가진 돈이 적다면 불리할 수밖에 없다. 그러므로 커브에서 승부를 내야 한다. 즉 커브를 돌 때마다 속력을 내어 앞서가는 주자를 따라잡는 것이다.

부동산 투자는 거창한 것이 아니다. 청약통장에 돈을 넣는 것부터가 시작이다. 그렇게 내 집 마련을 하고, 3년에서 5년을 주기로 집을 옮기면서 규모를 불려나가면 된다. 커브길에서 스퍼트를 내야 한다. 움직이지 않는 사람은 돈을 벌기 어렵다. 부동산도 사람도 움직여야 한다.

오나건 TIP
세입자는 갑이다

집주인은 갑이 아니다. 만약 전세를 끼고 집을 샀다면, 세입자가 있었기에 내가 집을 살 수 있었던 것이고, 월세를 주었다면 내 수입을 만들어주는 사람이 세입자다. 그러므로 세입자에게 감사하는 마음을 가져야 한다. 그 마음이 상대에 대한 존중으로 드러나고 배려하는 행동을 하게 만들며 겸손한 태도를 갖게 한다.

세입자와 관계가 좋아야 불필요한 분쟁을 줄일 수 있다. 어차피 수리해야 하는 것이라면 세입자의 요청이 있을 때 바로 수리해주고, 이사 날짜 등 최대한 편의를 봐주고, 때로는 작은 선물도 하는 등 세입자를 배려하면 집주인도 골치 아플 일이 줄어든다. 집을 깨끗이 사용한다거나, 계약이 끝나 다른 사람이 집을 보러 올 때 최대한 협조해준다.

06
부동산 투자, 그리고 세금

방송을 하고 나면 상담 문의가 많이 온다. 대개는 어디에 투자하면 좋겠느냐, 이쪽 지역이 괜찮다고 하는데 어떻게 보느냐 하는 투자에 대한 상담이 대다수다. 그런데 어찌된 영문인지 작년 한 해 동안은 열에 일곱이 그 반대였다. 자신이 이러저러한 주택을 가지고 있는데 언제 팔아야 하느냐, 파는 게 맞는 거냐 하는 질문이 더 많았다. 주택을 팔려는 이유는 세금 때문이었다. 세금자문을 전담으로 해주는 회사 소속 회계사가 있었기에 필자는 어렵지 않게 답변해줄 수 있었지만, 다른 데서는 세금에 대한 명쾌한 답변을 얻지 못했다는 애기가 심심찮게 들려왔다. 입지 분석과 세금 이슈는 다른 영역인데, 이 두 가지를 한꺼번에 해결해주길 바라는 사람들이 많았기 때문인 것 같다고 자문 회계사가 얘기했다. 그래서 얘기가 나온 김에 부동산 쪽 세금 부분만 정리해주면 좋겠다고 생각했다. 다만 세금에 대해 완전히 무지한 사람도 이해할 수 있도록(시중의 부동산 세금을 다루는 책들은 일반인들에게 버겁다. 계산구조부터 특례, 중과규정까지 너무 자세하기 때문이다) 쉽게 다루자는 의견이었다. 정작 투자자들이 원하는 건 '그래서 세금이 얼마냐' 하는 것이기 때문이다.

부동산에 붙는 세금

사람이 피할 수 없는 두 가지가 있는데, 바로 죽음과 세금이라고 벤자민 프랭클린이 말했다. 그만큼 세금은 모든 경제활동에 한 세트처럼 붙어 있다. 소비에 붙는 부가가치세, 월급을 받으면 내는 소득세, 술에 붙어 있는 주세, 세대주에게 부과되는 주민세, 농어촌특별세와 지방교육세 등. 나열하자면 수도 없이 많다. 부동산도 마찬가지다. 국세에 해당하는 인지세, 양도세, 지방세에 해당하는 취득세, 등록세, 지방소득세 등 다양한 세금이 딱 달라붙어 있다.

부동산에 관련된 세금에 대해서는, 부동산에 대한 행위를 분석해보면 이해가 쉽다. 행위로 보자면, 부동산은 '사서 가지고 있다가 파는 것'이다. 산다는 건 재료를 사서 직접 만드는 것(신축)과 공짜로 받거나 돈을 주고 받는 것(취득)으로 구분이 된다. 신축은 직접 만들어서 내 것으로 쓰려는 것이라고 보아 '원시취득'이라고 표현한다. 그래서 결국 취득세를 내야 하는데, 사는 가격의 1.1%~4.6%가량을 낸다. 주택의 취득세는 면적에 따라 1.1%~3.5%, 상가는 4.6%, 신축은 3.16%이다.

가지고 있다는 건 내 재산이라는 뜻이다. 전세를 줄 수도 있고, 월세를 줄 수도 있고, 상가라면 임차를 줄 수도 있다. 그래서 재산세가 붙는다. 그런데 9억 원 이상의 값어치가 나가는 주택은 그 가치를 단순 주거용 건물이 아닌 종합적으로 보아야 한다고 판단해 종합부동산세를 매긴다. 이 둘을 부동산을 보유하는 데 드는 세금이라 하여 '보유세'라고 일컫는다. 국가가 정해놓은 주택의 가격 대비 0.28% 정도가 매년 재산세로 부과된다(재산세는 공시지가대비 실효세율이 2017년 하반기 기준 0.28%다). 즉, 5억 원짜리 주택 기준 매년 140만 원 가량은 재산세로 내야 하는 것이다.

파는 것에는 돈을 받고 파는 양도, 공짜로 주는 증여, 죽어서 명의가 넘어가는 상속이 있다. 양도세는 이익을 본 만큼에 대해 파는 사람이 지불한다. 한편 증여나 상속은 돈을 한 푼도 안 받고 넘기는 것이다 보니 세금도 부동산을 받은 사람이 낸다. 금액에 따라 양도세는 6~55%(중과세 반영 시), 상속증여세는 10~50%라고 보면 된다.

   정리하자면, 부동산은 살 때 평균 4%, 가지고 있을 때 매년 0.28%, 팔 때 차익에 대해 10~50%의 세금을 내는 것이다.

상가에 투자하면 수익보다 세금이 많다?

J씨는 은퇴를 앞두고 앞으로 어떤 일을 하면 좋을지 고민하게 되었다. 퇴직금과 모아놓은 돈을 합쳐보니 15억 원 정도가 된다는 사실을 알았다. 그 돈으로 상가에 투자해보기로 마음먹고 괜찮은 부동산을 물색하기 시작했다. 그러던 중 좋아 보이는 상가 하나를 찾았는데 이미 편의점이 들어서 잡화를 팔고 있었다. 부동산중개소에 가서 상담하던 중 등기부 확인을 해보니 근린생활시설이었고, 주인 P씨가 13억 원 정도에 팔 의향이 있다고 했다. 권리금 1억 원을 붙여서 14억 원을 받으려 한다는 얘기도 들었다.

   J씨는 적당한 가격이라 판단하여 조건을 수락하고, 계약서를 쓰기로 했다. 부동산 중개 수수료는 13억 원의 0.9%인 1,100만 원 가량이었는데, 공인중개사의 협의로 800만 원에 맞추기로 했다. 권리금에 대해서는 세무사를 통해 확인해보니 권리금을 주는 대신 세금계산서를 받아야 하고, 권리금을 주는 것이 P씨에게 소득을 지급하는 일에 해당하여 소득 지불에 대한 세금을 내야 한다는 사실을 알

았다. 그래서 P씨에게 세금계산서를 요청하여 받았다.

 그 과정에서 P씨는 부가가치세 때문에 10%를 더 받아야 한다고 하여 1억 원이 아닌 1억 1,000만 원으로 세금계산서를 끊어준다고 했다. J씨는 갑자기 1,000만 원을 더 줘야 한다는 생각에 기분이 상했지만, 이내 세무사를 통해 매입세액공제로 비용처리가 된다는(결국 돌려받을 수 있다는) 사실을 알고 안도의 한숨을 쉬었다. 그런데 소득을 주는 꼴이 되어 1억 원의 4.4%인 원천징수세 440만 원을 납부해야 한다는 사실을 확인하고, P씨에게 이에 대한 부담을 요청하였다. 결국, J씨는 1억 500만 원을 주기로 하고 1억 1,000만 원의 세금계산서를 받아 440만 원을 세무서에 원천세로 납부하였다.

 J씨는 등기를 이전받아 해당 편의점의 실소유주가 되었다. 그런데 그 과정에서 취득세 4.6%를 부담하여야 한다는 사실을 알았고, 그 금액이 무려 6,000만 원이 된다는 사실을 알았다. 이외에도 법무사 등기신청 위임비용, 수입인지대, 법원증지대, 국민주택채권 매입액 등 들어가는 비용이 많아, 부가세를 포함해서 8,000만 원을 추가로 지출하였다. 거의 15억 원을 다 쓴 셈이다. 다행인 건, 편의점을 그대로 운영할 생각이어서 리모델링 비용은 거의 지출하지 않았다.

 J씨는 기존 아르바이트를 유지한 채 편의점의 오너가 되었고, 연금처럼 따박따박 한 달에 1,000만 원 이상의 돈이 들어왔다. 그러

던 중 5월이 되었는데, 종합소득세를 신고하라는 고지서가 날아왔고, 덜컥 400만 원 가까이의 세금을 내게 되었다. 사업에는 당연히 세금이 따라붙는 거지 하고 아쉽지만 받아들이던 찰나, 6월이 되니 또 재산세를 내라는 통지가 온다. 15억 원×70%(공정시장가액비율)×0.25%로 260만 원의 세금을 7월에 내야 하게 생겼다. J씨는 나가는 세금이 너무 많다며 생각보다 돈이 많이 남지 않는다는 걸 깨닫고 아쉬워했다. 그래도 나중에 건물 값이 오르면 비싸게 팔고 나가면 되겠지 하는 심산으로 2년을 버텨보기로 마음먹었다.

　2년이 지나자 J씨는 편의점을 팔기로 했다. 24시간 운영을 해야 하는데 아르바이트가 잘 구해지지 않아 새벽에는 본인이 일을 해야 하는 경우가 많았고, 체력적으로 받쳐주지 않아 힘들었기 때문이다. 그사이 편의점 건물은 13억 원에서 15억 원 정도로 올라 있었고, 권리금은 여전히 1억 원 정도 붙어 있는 상황이었다. 그래서 이걸 팔기로 결심했다. 권리금을 따로 주기 싫다는 매수인을 만나 16억 원으로 값을 쳐서 매도하기로 결정했다. J씨는 신이 났다. 2년 동안 편의점 월수입을 제외하고도 추가로 2억 원을 벌어들인 셈이다. 지금까지 힘들었던 것들이 싹 가시는 순간이었다.

　그런데 매도를 하려니 양도세를 내야 한단다. 양도세를 계산해보니 16억 원-13억 원=3억 원이다. 이에 대해 양도 관련 비용 2,000만 원을 제외하면 2억 8,000만 원×38%-1,940만 원=8,700만 원이 세금으로 나가야 하는 상황이었다. 허탈했다. 세무사에게 답답

하다고 말했더니, 세무사가 잘못 계산하셨다고 한다. 취득세 낸 걸 같이 빼야 하고, 중과세라서 48%를 부담해야 한다고 한다. 결국 2억 3,000만 원×48%-1,940만 원=9,800만 원의 세금을 내야 한단다. 하늘이 노랗게 보였다. 왜 이렇게 내야 하는 세금이 많은 건지…. 1억 원이 또 세금으로 나갔다.

부동산을 매수할 때 매수인은 통상적으로 매매금액만 생각하는 경우가 많다. 2억 원 부동산이라도 원룸주택과 원룸형 오피스텔의 취·등록세가 다르다는 생각을 못한다. 상가와 주택의 취·등록세는 다르다. 주택의 취·등록세는 1.1%~3.5%까지이며 부동산 상가 취득세는 4.6%이다. 오피스텔은 상가취득세를 내야 하며 10%의 부가세까지 발생한다.

따라서 취득에 따른 세금, 예를 들어 건물을 매입할 때 지하에 1종 유흥주점이 있다면 이 부분 면적만 따로 취득세가 중과가 되어 취득세가 더 많아진다. 그리고 보유에 따른 세금, 양도에 따른 세금, 2년 미만 보유와 2년 이상 보유 후 파는 양도세율이 다른데, 상가를 매입하면서 권리금까지 주며 편의점을 인수한 것은 매입부터 고려해보아야 할 내용이다.

부동산을 매입할 때는 임대용 목적인지, 매매차익용 목적인지를 명확히 하고 부동산을 접근해서 매입하는 것이 필요하다.

양도소득세 세율 변동 연혁표/부동산, 부동산에 관한 권리, 기타자산

자산	구분			'04.1.1.~ '08.12.31.	'09.1.1.~ '09.3.15.	'09.3.16.~ '13.12.31.	'14.1.1.~ '15.12.31.	'16.1.1.~ '16.12.31.	'17.1.1.~	'18.1.1.~
토지·건물, 부동산에 관한 권리	보유기간	1년 미만		50%	50%	40%	기본세율	50%	40%	50%
		2년 미만		40%	40%					
		2년 이상		기본세율						
	1세대 2주택 이상(1주택+1조합원입주권 포함인 경우의 주택			기본세율 ('07년부터 50%)	기본세율	기본세율(2년 미만 단기 양도 시 해당 단기양도세율 적용)				
	1세대 3주택 이상(주택+조합원 입주권이 3인이상인 경우 '06년부터 60%)			60%(입주권 포함 3인이상인 경우 '06년부터 60%)	45% (1년 이상)	기본세율(단, 지정지역→기본세율+10%p)	기본세율(단, 지정지역→기본세율+10%p)			
			30상 포함인 경우의 주택			기본세율(단, 지정지역→기본세율+10%p)				
	비사업용 토지			'07년부터 60%		기본세율(단, 지정지역→기본세율+10%p)	기본세율(단, 지정지역→기본세율+10%p)	16~48% (기본세율 +10%p)	16~50% (기본세율 +10%p)	16~52% (기본세율 +10%p)
	미등기양도자산						70%			
기타 자산						보유기간에 관계없이 기본세율				

양도소득세 기본세율

'10년~'11년 과표	세율	누진공제	'12년~'13년 과표	세율	누진공제	'14년~'16년 과표	세율	누진공제	'17년 이후 과표	세율	누진공제	'18년 이후 과표	세율	누진공제
1,200만 원 이하	6%	-	1,200만 원 이하	6%	-	1,200만 원 이하	6%	-	1,200만 원 이하	6%	-	1,200만 원 이하	6%	-
4,600만 원 이하	15%	108만 원	4,600만 원 이하	15%	108만 원	4,600만 원 이하	15%	108만 원	4,600만 원 이하	15%	108만 원	4,600만 원 이하	15%	108만 원
8,800만 원 이하	24%	522만 원	8,800만 원 이하	24%	522만 원	8,800만 원 이하	24%	522만 원	8,800만 원 이하	24%	522만 원	8,800만 원 이하	24%	522만 원
8,800만 원 초과	35%	1,490만 원	3억 원 이하	35%	1,490만 원	1.5억 원 이하	35%	1,490만 원	1.5억 원 이하	35%	1,490만 원	1.5억 원 이하	35%	1,490만 원
			3억 원 초과	38%	2,390만 원	1.5억 초과	38%	1,940만 원	5억 원 이하	38%	1,940만 원	3억 원 이하	38%	1,940만 원
									5억 원 초과	40%	2,940만 원	5억 원 이하	40%	2,540만 원
												5억 원 초과	42%	3,540만 원

종합 사례로 살펴보는 부동산 세금

가지고 있는 부동산을 증여하는 경우

H씨는 2010년 1월에 구입한 주택 A와 2013년 7월에 구입한 주택 B를 소유하고 있었다. 그중 주택 A를 2018년 5월에 결혼하는 아들을 위해 증여해주기로 했다. H씨는 주택 A에 8년간 살면서 주택 B를 전세로 주고 있었으나, 이번 기회에 주택 A를 넘겨주고 주택 B에서 거주하기로 하였다. 주택 A는 2010년에 3억 원을 주고 샀는데, 이번에 보니 5억 4,000만 원이 되어 있었다. 주택 A에는 구입 당시에 담보대출을 받았던 9,000만 원의 대출금이 있었는데, 그건 그대로 유지한 채 아들에게 주기로 하였다.

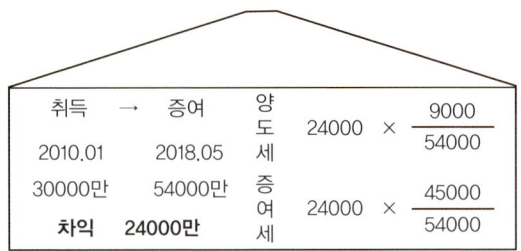

이 경우, 2억 4,000만 원에 대한 대출금액 부분은 양도자인 H씨에게 양도세가 부과되고, 실제 증여받는 부분은 수증자인 H씨의 아들에게 증여세가 부과된다.

양도세 : 2억 4,000만 원×9,000만 원/5억 4,000만 원=4,000만 원

→기본공제 250만 원 및 장기보유특별공제 16% 적용

 1세대 1주택 이외, 8년 경과 시 640만원 공제=3,110만 원

→양도세 적용세율 15% 적용 시 양도세=394만 원

증여세 : 2억 4,000만 원×4억 5,000만 원/5억 4,000만 원=2억 원

→ 증여재산공제 5,000만 원 적용 시 1억 5,000만 원

→ 증여세 적용세율 20% 적용 및 신고세액공제 적용 시 증여세=1,800만 원

참고 : 대출금 없이 증여하는 경우라면 2억 4,000만 원 전체에 대하여 증여세 2,520만 원으로 326만원을 세금으로 더 내야 함.

아들은 증여를 통해 주택 A를 받아 '취득'한 것이므로 취득세를 내야 하며, 주택 구입 시 의무적으로 매입해야 하는 국민주택채권을 매입하여야 한다.

- 국민주택채권매입액=(시가 5억 4,000만 원 기준)주택의 2.6%인 1,404만 원

할인율 2% 적용 시 실제 부담비용은 28만 원

- 취득세=시가+국민주택채권매입액의 4%(증여취득)이므로 2,160만 원

이와 같으므로 아들은 추가로 약 2,200만 원 가량의 취득 관련 세

금을 부담해야 한다. 또한 재산세로 매년 하기와 같은 금액을 부담해야 할 것이다. (재산세는 시가 대신 시가표준액을 기준으로 과세되며, 시가표준액은 공시지가를 기준으로 산정되는 것으로 보통 시가 대비 50~70% 선에서 결정되는 편이다.)

- 재산세=시가표준액 3억 8,000만 원

×공정시장가액비율 60%×재산세율 0.4%(3억 원 이상 주택)=91만 원

주택 신축의 경우

H씨는 아들에게 주택 A를 물려준 뒤, 주택 B를 그대로 둔 채 기존에 모아두었던 종잣돈으로 토지를 사 주택 C를 새로 짓고자 했다. 서울에 평당 1,500만 원짜리 토지 40평을 6억 원에 매수하여, 주택을 짓기 위해 3억 6,000만 원을 투자하기로 했다. 세금을 계산해보면 아래와 같다.

- 6억 원에 토지 취득

→ 토지 채권매입액 관련 비용 6억 원×5%×2%=600만 원

+취득세 6억 원×4.6%(농지 아닌 토지)

=600만 원+2,760만 원

취득과 관련하여 3,360만 원을 부담해야 한다.

- 주택 C를 3억 6,000만 원에 지었다. → 주택 취득(원시취득)

→ 주택 채권매입액 관련 비용 3억 6,000만 원×2.6%×2%=19만 원

+취득세 3억 6,000만 원×3.16%(원시취득)

=19만 원+1,138만 원

취득과 관련하여 1,157만 원을 부담해야 한다.

재산세의 경우, 해당 주택의 시가가 토지가액을 포함하여 11억 원이라고 가정하고 70%만큼이 시가표준액이라고 한다면, 7억 7,000만 원×60%×0.4%(3억 원 이상 주택)=184만 원에 해당한다.

또한, 종합부동산세도 내야 하는데, 주택 C의 시가표준액이 3억 원이라고 한다면, 종합부동산세로 142만 원(합산가액 12억 원 이하 0.75%로 계산)을 내야 한다.

즉, 취득 시 취득세 4,520만 원가량과 매년 보유세 320만 원가량을 내야 하는 것이다.

다주택자가 현 정부 시기에 살아남으려면?

결국, 부동산은 살 때와 가지고 있을 때, 팔 때 모두 세금이 붙는다는 것을 살펴보았다. 그런데 부동산 시장이 과열되자 문재인 정부가 집값을 잡겠다며 주택과 관련된 부동산 안정화 정책을 내놓았

다. 지금부터는 그 정책을 경제학적으로 풀어보고자 한다. "이거 팔아야 하나요?"라는 질문들에 대한 대답이 되지 않을까.

문재인 정부의 부동산 대책은 크게 6·19, 8·2, 10·24 대책으로 구분할 수 있다.

6·19 : 분양권 전매 제한 및 담보대출 비율 감소(대출금액 규제)
8·2 : 투기지역 구분, 양도세 강화, 다주택자 세금 혜택 축소
10·24 : 가계부채 안정화

6·19 대책은 부동산 수요 억제, 8·2 대책은 부동산 공급 억제, 10·24 대책은 얼어붙은 부동산시장으로 인한 시장경제 위축에 대한 대안이자, 미국발 금리인상에 대한 대비(쉽게 6·19, 8·2 대책으로 부동산시장이 꽁꽁 얼어 경제가 안 좋아지니까 대책을 마련한 것)이다. 수요와 공급이 줄어들면 가격이 떨어지기에 그걸 이용했다고 보면 된다. 결국 사기도 어렵고 팔기도 어려운 상황이 된 것이다.

다주택자와 부동산 투자자들의 관심사는 '파는 것'이므로 그 부분을 중점 삼아 이야기를 풀어보자.

부동산 투자를 하는 이유는 크게 두 가지가 있다. 첫째는 현금 수입을 늘리려는 것이고, 둘째는 시세 차익을 얻으려는 것이다. 원룸이나 오피스텔 투자는 보통 전자이고, 토지나 신축분양 투자는 보통 후자에 속한다. 그런데 전자든 후자든 돈이 부동산에 묶여 있기

는 매한가지라, 당장이든 시간 여유가 좀 있든 간에 팔아서 현금화를 시킬 수 있어야 한다. 만족스러운 월세가 들어온다면 보유하는 것도 좋겠지만 그마저도 양도를 피해갈 수는 없다. (죽을 때까지 가져간다 한들 죽으면 명의가 넘어간다.)

그러면 어떻게 해야 하느냐? 자신이 어디에 해당하는지 확인해보고 해당 케이스를 적용하면 된다.

공통 분석 사항

- 임대소득별이용 주택과 시세차익별이용 주택을 구분한다.
- 모든 주택의 취득 시기, 취득가, 현재 시세, 양도 예정시기(언제부터 팔고 싶은지)를 적는다.
- 위에 적은 걸 토대로 주택별로 2년 내 취득(A), 시세차익이 5,000만 원 이상(B), 거주 및 보유기간이 3년 이상(C)인지 여부를 체크한다. A와 C는 상속을 통해 물려받은 경우를 제외하고는 같이 표기할 수 없다.
- 보유세와 양도세 예상액을 확인한다.

케이스별 실행 방안

정리하자면, 주택을 3가지 잣대(임대 소득/양도 차익/보유 예상 기간)로 나누고 기간별 구분을 통해 나눈 뒤에 분석을 하여 예상 양도세, 소득세를 계산해본다. 그런 뒤 향후 3~5년의 액션플랜을 수립하는 것이다.

- 건물주가 자기 건물을 자녀에게 주려면

다주택자들은 양도세 및 보유세와 관련해서, 1세대 다주택자에게 불이익이 크기 때문에 자녀에게 미리 주는 것을 고려하는 경우가 많다. 자녀는 세대분리를 통해 세대주를 만든 뒤 1세대 1주택의 수혜를 받게끔(본인이 2주택자였다면 이로써 자녀와 본인 둘 다 1주택자 수혜를 보게 된다) 하고자 한다. 어차피 자녀에게 주려 했고, 기왕이면 본인의 추후 양도세도 줄이고 싶다는 판단이 들기 때문이다. 그럼 어떻게 주어야 하는가? 세금을 최대한 적게 해서 주면 될 것이다.

결국, 증여세와 양도세(부동산 직접 양도, 부채를 통한 부담부증여상 양도, 회사주식을 통한 간접 양도)를 따져보고 플랜을 수행하는 것이 유리하다.

- 물건별 세금 이슈

상가 : 취득세가 주택에 비해 4.6%로 높다. 권리금은 양도세 대상에서 제외된다. 권리금은 영업권의 양도로 보아 사업소득으로 과세되기 때문이다.

다세대주택 : 세대가 여러 개라 하나의 물건이 자칫 1가구1주택이 아닌 다주택으로 분류될 수 있다. 이 경우에는 구분등기를 함부

로 해서는 안 된다.

농가주택 : 농지취득자격증명이 존재하는 경우에는 농사에 필요한 것으로 분류가 되며, 농가주택 취득 이전에 취득한 일반 주택의 양도 시 주택 수 산정에서 제외된다. 증여나 상속으로 취득 시 유예기간 안에 증명을 취득하는 것이 필요하다.

부록

5년 안에
건물주 되는
알짜 정보

I.   서울 플랜 2030
II. 부산 플랜 2030
III. 경기도 플랜 2020
IV. 인천 플랜 2030

진짜 부동산 고수들은 최고급 정보를 취득하거나 분석할 줄 아는 사람들이다. 그들이 취하는 정보는 다름 아닌 도시기본계획인데 통상 계획 수립 기준 20년을 기점으로 수립된다. 예를 들어 〈2030서울도시기본계획〉은 2010년에 수립된 것이다. 국토종합계획 최상위법인 〈국토의 계획 및 이용에 관한 법률〉에 기반하여 수립되는 이 계획은 각 시·도의 바람직한 미래상을 제시하고 장기적인 발전 방향을 제시하는 계획으로 대통령과 지방자치단체장이 바뀌더라도 큰 틀에서는 변하지 않는다. 즉, 2030년의 서울은 이 계획에 따라 개발·발전한다는 의미이다. 그러므로 이 정보를 자신의 것으로 만들면 부동산 투자의 절반은 성공한 셈이다. 이 책에는 필자가 요점만을 추려 수록했다. 더욱 상세한 정보를 원하는 사람은 해당 시청에 정보가 공개되어 있으니 열람하기를 권한다.

I. 서울 플랜 2030

미래상 : "살기 좋은 글로벌 녹색 서울"

1. 서울 플랜 2030 개괄

2020 서울도시기본계획	2030 서울도시기본계획
• 1도심 : 도심	• 3도심 : 한양도성, 영등포 · 여의도, 강남
* 5부도심 : 용산, 청량리 · 왕십리, 상암 · 수색, 영등포, 영동	* 7광역중심 : 용산, 청량리 · 왕십리, 창동 · 상계, 상암 · 수색, 마곡, 가산 · 대림, 잠실
• 11지역중심 동북권 : 망우, 미아, 상계 서북권 : 신촌, 공덕, 연신내 서남권 : 목동, 대림, 사당 · 남현 동남권 : 잠실, 천호 · 길동 • 전략육성 중심지 : 망우, 상계, 연신내 • 전략육성지 : 마곡, 문정	• 12지역중심 도심권 : 동대문 동북권 : 망우, 미아, 성수 서북권 : 신촌, 마포 · 공덕, 연신내 · 불광 서남권 : 목동, 봉천, 사당 · 이수 동남권 : 수서 · 문정, 천호 · 길동

• 53 지구중심	• 지구중심 기존 지구중심을 유지하는 것을 원칙으로 하되, 후속 생활권 계획 수립 시 자치구, 주민 의견을 고려하여 서울시와 협의를 통해 조정 가능

2020 서울도시기본계획과 2030 서울도시기본계획의 차이점

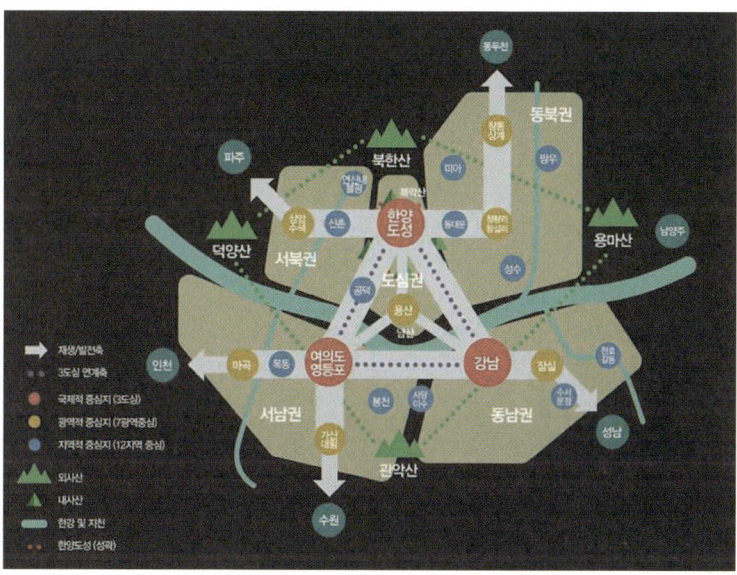

2020 서울 도시 공간구조

3대 도심

- 한양도성 : 역사문화중심지(ICC : International Cultural Center)
- 서울의 역사도심으로 국제적인 문화교류 기능을 담당.
- 영등포 · 여의도 : 국제금융중심지(IFC : International Financial Center)
- 증권거래소 등을 중심으로 국제금융 기능을 담당.

- 강남 : 국제업무중심지(IBC : International Business Center)
- 국제기구 유치 및 MICE산업 육성 등을 통해 다양한 국제비즈니스 기능을 담당.

7광역중심
- 용산(도심권) : 역사도심인 한양도성 안에서 수용하기 어려운 고밀·고층의 대형 상업업무시설 등을 흡수하고 한양도성 및 영등포·여의도와 연계한 국제기능 등 고차업무기능을 집적.
- 청량리·왕십리(동북권) : 지역 간 철도교통 및 환승역세권의 잠재력을 활용하여 상업문화중심 기능을 집적.
- 창동·상계(동북권) : 경원축의 중심지로 창동차량기지 등 가용지를 활용하여 지역고용 기반을 구축함으로써 외곽에서 시내로 유입되는 교통을 흡수하고 서울 대도시권 동북지역의 자족성을 제고.
- 상암·수색(서북권) : 한강축에서 경의축이 갈라지는 교차점으로 대규모 개발가용지를 활용하여 서울 대도시권 서북지역의 광역적 고용기반 구축.
- 마곡(서남권) : 김포공항 및 상암과 연계, 대규모 개발가용지를 활용하여 신규 지식기반산업을 창출.
- 가산·대림(서남권) : 산업단지 및 구로차량기지 등 가용지를 중심으로 창조적 지식기반 고용기능을 확산.
- 잠실(동남권) : 강남 도심과 연계, MICE산업 등을 육성하여 국제적 관광·쇼핑기반을 구축.

12지역중심
- 동대문 : 패션산업 등을 통해 다양한 창조산업 육성.
- 망우 : 지역 간 철도교통을 기반으로 상업·문화 중심기능을 집적.

- 미아 : 교통의 결절점으로 상업·문화 중심기능을 집적.
- 성수 : 건대입구의 대학잠재력과 성수 준공업지역을 연계하여 창조적 지식기반산업 집적지로 전환.
- 신촌 : 신촌, 홍대 앞 등 집적된 대학잠재력을 활용하여 다양한 창조문화 산업의 거점으로 육성.
- 마포·공덕 : 공항철도를 기반으로 기존의 업무기능을 확대.
- 연신내·불광 : 교통의 결절점으로 상업·문화 중심기능을 집적 및 사회 혁신 창조 클러스터를 활용한 신성장산업 육성.
- 목동 : 기존의 업무 및 상업 중심의 자족기능 확대.
- 봉천 : 행정, 상업, 문화, 대학 등의 특화된 기능의 융·복합을 통하여 서남권의 복합업무 거점으로 육성.
- 사당·이수 : 동서 및 남북 간 교통의 결절점으로서 잠재력을 활용한 고용기반 강화.
- 수서·문정 : 광역교통기능(KTX)과 연계하여 업무·R&D·물류 등 복합기반 구축.
- 천호·길동 : 대규모 배후지역 개발에 따라 외곽에서 시내로 유입되는 통근교통을 흡수하는 고용기반 구축.

광역교통축

- 신분당선 연장 및 신안산선의 추진
- 정부가 추진 중인 신분당선은 도심을 경유하여 고양시 삼송까지 연장하여 장래 수도권 동남권과 서북권을 직결로 연계하는 광역급행 교통수단으로 활용함. 노선 수정은 중앙정부와 협의·조정을 통해 추진함.
- 현재 서북권에서 도심방향으로 접근수단인 '통일로'와 '지하철 3호선'의 교통 혼잡이 가중되는 상황에서 신분당선이 서북부 지역까지 연장되고 기존

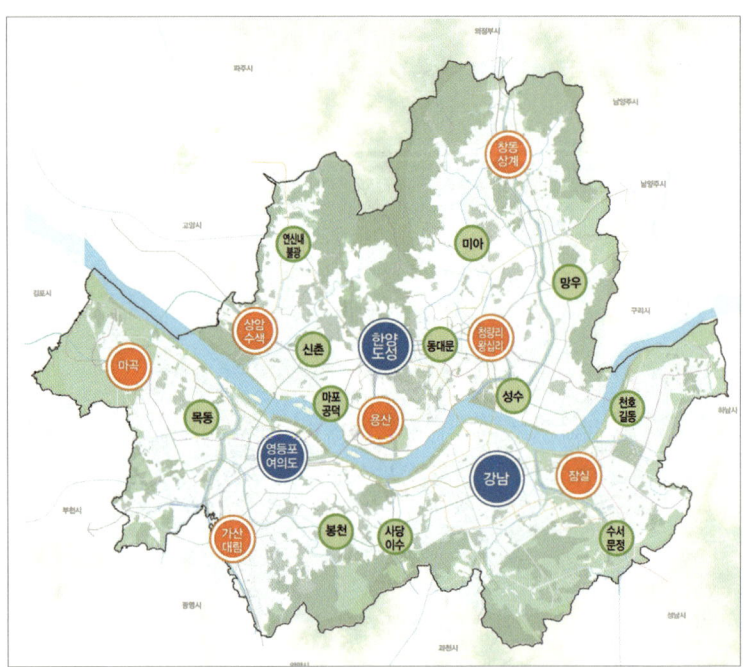

3도심 7광역중심 12지역중심

의 지하철 6호선과 환승체계가 구축되면 서북권 교통난 해소에도 크게 기여할 수 있을 것임.

- 새롭게 설정된 3개의 도심 중에서 영등포·여의도지역 및 서남권의 활성화를 위하여 신안산선의 추진을 촉진하도록 함. 또한 한양도성과 영등포·여의도를 직결로 연계하여 도심 간 신속한 연계가 가능하도록 함.

• 서남권과 동남권을 연계한 광역급행 철도 신설
- 서해안 시대에 선도적으로 대응하고 서남권의 활성화를 위하여 인천~가산~삼성을 연계한 남부광역급행철도 노선을 장기적으로 구축하는 것이

필요함. 이는 새롭게 설정된 광역중심인 가산지역에서 삼성지역으로 연계하여 기존의 2호선 과부하도 해소하고, 동남권과 서남권의 시너지를 창출하여 국제업무와 첨단산업의 활성화를 유도하는 방향으로 광역교통축을 설정하도록 함.
- 광역급행철도 신설은 수도권 광역급행철도 노선계획안을 반영하고 서울시내 구간의 조정은 중앙정부와 적극적인 협의조정을 거쳐서 추진하도록 함.
- 특히 광역급행철도가 신설되면 가산이 결절점이 되어 송도 국제도시와 서

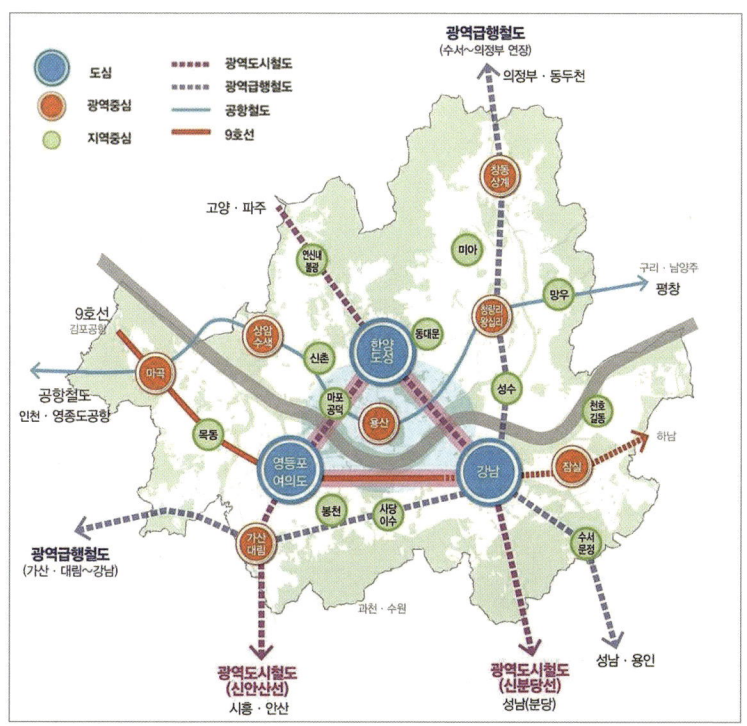

광역교통축 구상도

울 삼성·잠실지역을 연결하여 수도권 경쟁력 강화에 기여할 뿐만 아니라, 출퇴근 시 경인선, 지하철 2호선의 혼잡도를 크게 완화시킬 수 있게 될 것임. 광역급행노선의 계획은 서남권의 도시재생을 통한 지역 활성화를 유도할 수 있는 방향으로 추진되도록 함.

- 동북권 활성화를 위한 수서 KTX 노선 연장
- 광역철도 서비스 소외지역인 수도권 동북부지역의 교통복지 향상과 지역 균형 발전을 위해 현재 건설 중인 KTX 수서~평택 간 노선을 의정부까지 추가 연장하는 방안을 정부와 지속적으로 협의하여 추진하도록 함.
- 서울의 권역생활권 중 가장 많은 인구가 밀집하고 있는 동북권을 활성화하기 위하여 KTX의 연장을 추진하되, 청량리·왕십리, 창동·상계 등을 주요 거점으로 연계하여 토지이용계획과 교통계획이 통합적으로 수립되도록 함.

광역교통 환승체계 구축 계획도
- 주요 진입축별 통행패턴, 입지선정 등을 고려한 환승센터 입지선정
- 광역~서울 간 통행의 주요 출발지와, 주변 개발계획을 통한 주요 개발 예정지를 파악하여 건립 후보지를 진단함.
- 출발지·시외곽·시계유출입 환승센터 건설
- 서울 시내에서 승용차 이용 억제 및 도로 혼잡을 완화하기 위해 환승센터 건설.
- 환승센터 연결축의 급행 대중교통 서비스 연계
- 광역급행철도 신설 및 기존 광역철도 급행화, 중앙 버스전용차로제나 BRT 구축 및 급행화 버스노선 시설 등, 대중교통 수단 전환으로 인한 시간 단축 효과를 가질 수 있게 함.

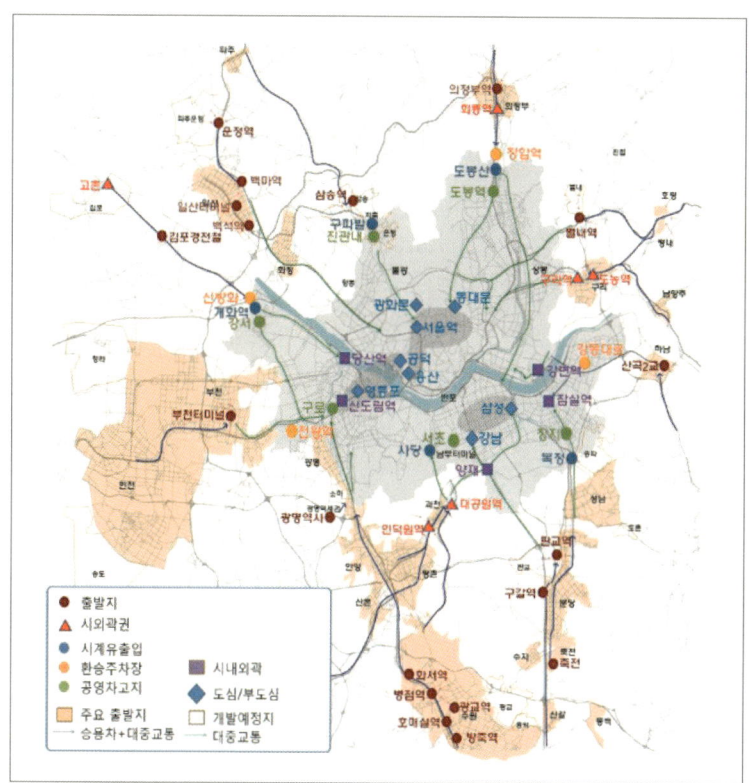

광역교통 환승체계 구축도

- 교통수요관리 정책과 연계
- 환승센터역의 TOD 개발, 도심 및 부도심 지역의 혼잡통행료 및 주차상한제 실시, 주차요금 인상 등의 수요관리 정책을 병행하여 승용차 통행을 감소시킴.

공원·녹지축

- 산과 강으로 둘러싸인 서울 입지의 정체성을 강화하기 위해 내사산 및 외

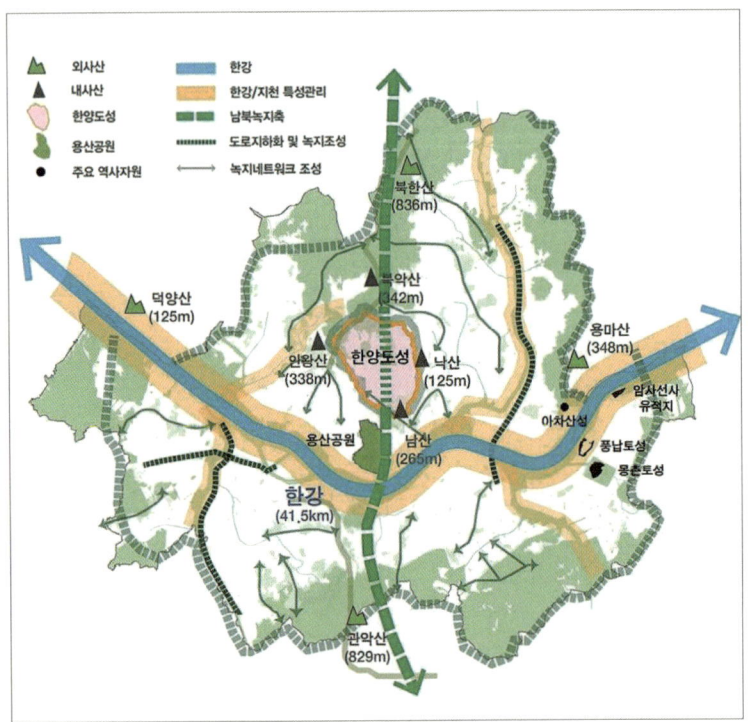

서울시 공원·녹지축

사산, 한강 등 자연자원과 서울성곽 등 역사문화자원뿐만 아니라, 용산공원, 세운상가, 한옥밀집지 등 서울의 고유한 특성을 간직한 요소들을 연계 발전시킬 필요가 있음.

- 한북정맥에서 이어지는 남산지맥, 수락지맥, 한남정맥에서 이어지는 관악지맥을 바탕으로 하여, 서울의 녹지축은 북한산에서 관악산으로 이어지는 남북녹지축과 내사산과 외사산을 각각 연결하는 환상녹지축을 주녹지축으로 설정함.
- 서울의 도심과 외곽을 동서남북으로 둘러싸고 있는 내사산, 외사산을 가

각 연결하고 한강과 지천변 녹지와 연계된 네트워크를 구축하여 시민들에게 서울의 역사, 문화, 자연생태를 탐방할 수 있는 공간으로 제공함.
- 내사산을 연결하는 내부환상녹지축은 서울성곽과 연계한 녹지문화축으로 조성하고, 외사산을 연결하는 외부환상녹지축은 녹지생태축으로 조성함. 종묘~세운상가~남산으로 이어지는 녹지축에서는 세운상가 건물의 입체녹화를 권장하고 상가변의 녹도 조성을 유도하는 등 다양하고 창의적인 방식으로 녹지축을 연계함.

2. 5개 권역별 개발 구상

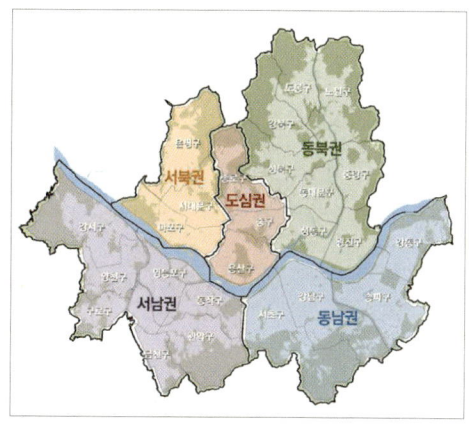

서울시 5개 권역별 생활권

도심권 : "역사문화도심의 위상 및 글로벌 경쟁력 강화"
- 한양도성을 역사문화중심지로 육성
- 서울역~용산 연계 국제중심기능 강화
- 용산공원 조성 추진

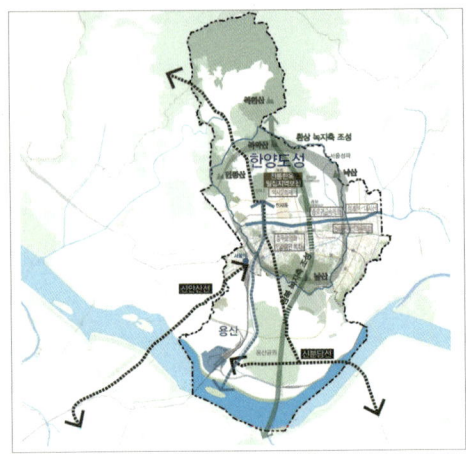
도심권 생활권

- 도심형 특화산업 육성
- 동대문(패션, 디자인), 종로(귀금속), 충무로(인쇄출판, 영화산업)

동북권 : "자족기능 강화 및 고용창출을 통한 지역활성화"
- 지역균형발전을 위한 중심지기능 강화
- 청량리·왕십리 부도심과 창동·상계지역 광역중심 지정.
- 신성장 기반산업 강화
- 철도 중심의 효율적 교통체계 구축
- KTX 동북부 연장(수서~청량리~창동~의정부 구간), 경전철 동북선·면목선·우이신설 연장선 등 경전철 확충.
- 역사, 생태문화공간의 정비
- 권역 내 특화산업 발굴 및 육성
- 제기동 한방 약령시장, 성수 수제화산업, 면목·장위·석관 일대 등의 봉제산업, 자동차 연관산업(성수 준공업지역-자동차매매시장)

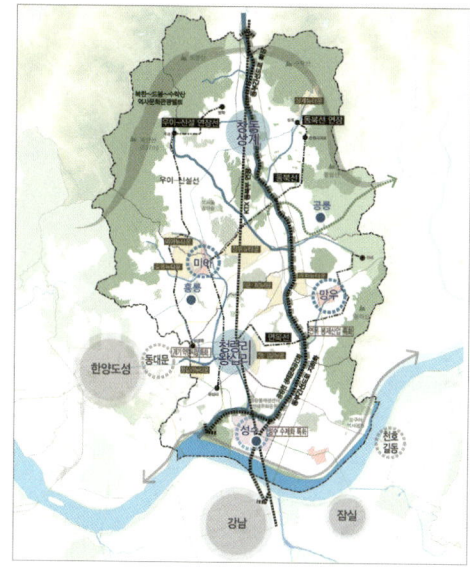

동북권 생활권

서북권 : "창조문화사업 특화 및 양호한 지역공동체 활성화"

- 미래산업 고용기반 확충을 통한 중심기능 강화
- 상암·수색 광역중심은 상암DMC를 중심으로 디지털 미디어 특화.
- 신촌 지역중심은 관내 대학 밀집지역 특성을 활용하여 창조문화산업 거점으로 특화·육성.
- 지역 간 연계 강화를 위한 철도망 구축
- 신분당선 서북부 지역 연장 추진, 경전철 서부선 연장(장승배기~서울대입구역)
- 상암과 마곡을 도시철도로 연계하여 지역 간 시너지 제고.
- 남북교류에 대비한 교통체계 정비
- 은평새길 등 통일로를 대체하는 우회도로 신설.
- 도시기반시설 상부의 공원
- 수변공간의 활용도 제고 및 생태하천 복원

부록 5년 안에 건물주 되는 알짜 정보 213

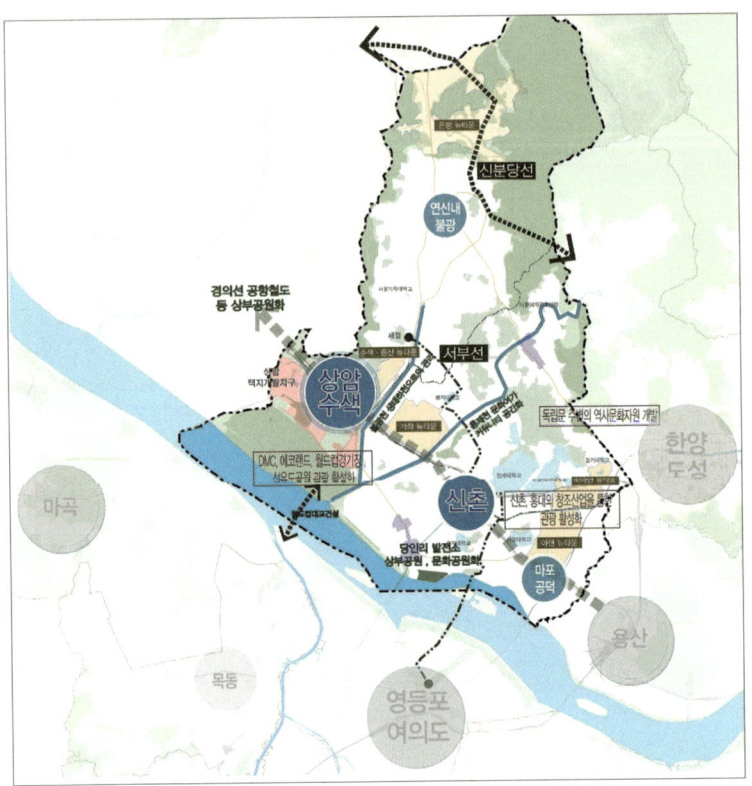

서북권 생활권

서남권 : "준공업지역 혁신을 통한 신성장 산업 거점 육성 및 주민 생활기반 강화"

• 글로벌 금융기능 강화
- 여의도는 국제금융의 중심지, 영등포 일대는 첨단산업 및 상업·업무 기능 중심지 역할.
• 지역혁신을 위한 신성장 산업 거점 육성
- 가산·대림 광역중심 : 창조적 지식기반의 고용을 창출하는 수도권 서남부 신성장 산업거점으로 육성.

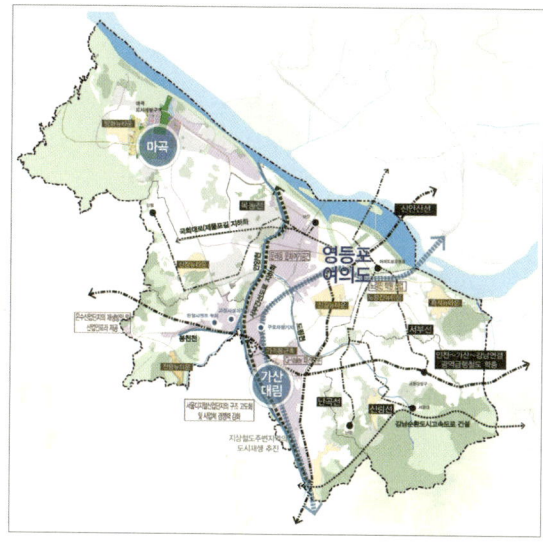

서남권 생활권

- 마곡 · 광역중심 : 신규 지식기반 산업을 창출을 위한 거점으로 육성.
- 사당 · 이수 지역중심 : 경기남부의 주요도시와 도심을 연결하는 광역연계 거점으로 육성.
- 봉천 지역중심 : 서남권의 새로운 복합업무공간으로 육성.
  • 지상철도 구간 등 도시재생
  • 지역 내 특화된 산업문화공간 육성
- G-Valley, 문래동 문화여가공간, 노량진 학원사업 등 권역 내 특화된 산업 다양한 지원.

동남권 : "글로벌 업무 · 상업기능 강화 및 기존 거주지의 계획적 관리"
  • 강남 · 삼성, 국제업무 및 MICE산업 중심지로 육성
  • 잠실, 국제적 업무 · 관광기반 구축
  • 수서 · 문정, 미래형 복합도시로 육성

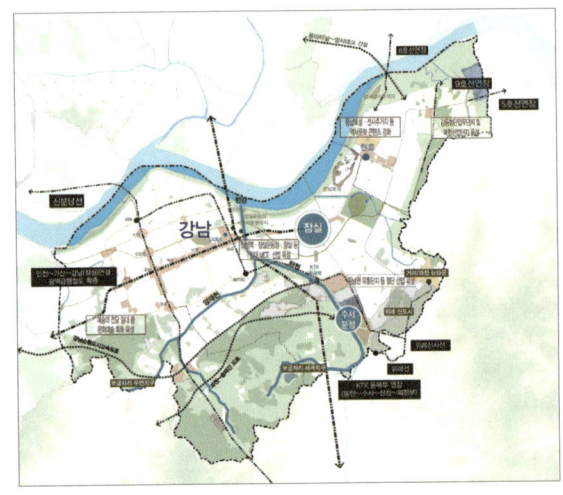

동남권 생활권

- 대단위 아파트 재건축 단지의 계획적 정비 유도
- 광역교통 수요에 대응한 교통체계 구축
- KTX, 위례신사선, 위례신도시 트램, 지하철 9호선 연장, 광천~송파 간 도로 확충 등.
- 신분당선 서북부 연장 및 남부급행철도 추진으로 한양도성—강남—여의도를 연결하는 급행 간선 철도망 구축.
- MICE산업 및 첨단산업 특화 육성
- 삼성역·잠실운동장, 잠실 등을 중심으로 MICE산업 특화 육성을 통해 글로벌 업무 기능 강화.
- 강동구 첨단업무단지, 복합산업단지, 동남권유통단지 등 첨단산업 특화.

3. 주목할 서울시 주요 개발 프로젝트

코엑스 · 현대차부지(舊한전부지)

- 국제업무 및 MICE산업을 선도하는 글로벌 콤플렉스 코어(Complex Core) 조성 목표.
- 국제업무, MICE산업 등 거점 조성, 지역자원을 연계하는 보행 · 녹지체계 구축, 영동대로 등 지하공간 통합개발을 통한 입체적 활용 등을 전략으로 마련함.

전략1 국제업무 및 MICE산업 거점 조성
전략2 지하공간 통합개발을 통한 입체적 활용
전략3 지역자원을 연계하는 보행·녹지체계 구축

SETEC · 대한도시가스부지

- SETEC · 대한도시가스부지 일대는 MICE 관련 비즈니스 및 관광휴식 · 체험 문화가 어우러진 컨벤션 복합문화공간 조성 목표.
- 산업전시 · 컨벤션 등 MICE산업과 판매 · 업무 등 중심기능 유치, 보행을 중심으로 한 지역자원 연계 체계 구축 등을 전략으로 마련함.

전략1 산업전시·컨벤션 복합기능 강화(SETEC부지)
전략2 단계별 개발 추진으로 컨벤션 복합문화공간 조성
전략3 하천 연계 보행네트워크 구축

수서 지역중심

- 수서 · 문정지역중심 일대는 지역중심기능 및 신성장 동력산업 도입으로

주변지역과 연계된 자족적 지역중심 육성을 목표로 광역교통거점 육성, 신산업 연계거점 육성, 지역 생활서비스 기능 강화, 친환경 주거중심 네트워크 구축 등을 전략으로 마련함.

전략1 광역교통거점 육성(지역중심기능 강화)
전략2 신산업 연계거점(신성장 동력산업 HUB) 육성(자족 기능 확충)
전략3 수서역 일대 지역생활서비스 기능 강화
전략4 친환경 커뮤니티 및 그린네트워크 구축

구룡마을 공영개발
- 구룡마을은 자족기능 도입 및 친환경 단지설계로 탄소제로마을(Zero Carbon village) 조성을 목표로 의료, R&D 클러스터 조성, 친환경 주거단지 조성, 주민 가꾸기 공원 조성 등을 전략으로 마련함.

전략1 의료, R&D 클러스터 조성
전략2 친환경 주거단지 조성
전략3 주민 가꾸기 공원 조성

테헤란로 주변 재정비
- 테헤란로 주변은 대규모 업무시설 공급 및 국내외 기업본부 유치로 국제업무 중심가로 조성 및 글로벌 도시 강남 실현을 목표로 글로벌 업무중심의 산업특화를 위한 재정비 방안, 업무 공간 확충, 보행자 중심의 친환경 녹색도시 교통체계 구축 등을 전략으로 마련함.

전략1 글로벌 업무중심 산업특화 및 재정비

전략2 국제업무 중심가로 활성화를 위한 업무 공간 확충
전략3 보행자 중심의 친환경 녹색도시 교통체계 구축

강남대로 동측 거점 개발

- 강남대로변 동측의 개발 방향은 상업지역 확대 지정으로 상업·업무기능 등 중심기능 입지를 유도하고, 이면부 특화가로 조성을 통한 강남역세권 활성화(강남브로드웨이 조성)를 목표로 설정함.
- 이에 용도지역 조정을 통한 중심기능 확충, 도로확폭 등 보행환경 개선, 이면부 특화가로 조성 및 문화관광 활성화 등을 전략으로 마련함.

전략1 용도지역 조정을 통한 중심기능 확충
전략2 도로확폭 및 공개공지 등 보행환경 개선
전략3 특화가로 조성사업으로 가로별 기능특화 및 활성화
전략4 지역특성을 활용한 문화관광 활성

고덕상업업무복합단지 조성

- 위치 : 고덕동 345번지 일원(고덕강일공공주택 1지구, 도시지원시설)
- 면적 : 234,523㎡(유통판매 68,389㎡ 자족기능 57,034㎡ 상업 19,073㎡ 기타 90,027㎡)
- 기간 : 2013년~2020년
- 주요내용 : 유통·판매 복합쇼핑몰, 호텔, 비즈니스 시설, R&D센터 등 유치
- 개발전략
- 오래 머물고 싶은, 사람·자연·문화·일터가 어우러진 매력적 도시 구현
- 문화·유통·상업단지 : 외국인투자기업 유치, 관광·쇼핑 명소화

- 호텔 · 컨벤션단지 : 외국인 관광객 및 비즈니스 지원 인프라 구축
- 비즈니스 · R&D 등 업무단지 : 대중소기업 유치로 폭넓은 창업 · 고용 창출
- Green생태 체험단지 : 한강, 고덕 생태습지, 가로녹지를 연계한 생태 · 보행체계 구축

마곡지구 개발

- 사업개요 : 마곡지구가 첨단산업 연구단지와 친환경 주거단지, 대규모 생태, 호수공원이 어우러진 융 · 복합 R&D도시로 조성, 강서구가 동북아 경제 네트워크의 거점이자 서울 서남권의 중심도시로 도약.
- 위치 : 강서구 마곡동 일원
- 면적 : 3,665천㎡
- 1지구(주거) : 1,066천㎡, 주거단지(총 16개 단지 11,821세대 공급)
- 2지구(산업) : 1,902천㎡, 산업 · 업무단지(권역별 기술 특성에 따라 5개 클러스터로 조성)
- 3지구(공원) : 697천㎡, 서울식물원(면적 504,012㎡, 어린이대공원 규모의 공원 조성)
- 식물과 물을 주제로 한 세계적 수준의 보타닉 공원 조성. 식물원, 열린숲 공원, 호수공원, 습지생태원 등 4개의 특색 있는 공간으로 구성.
- LG아트센터 건립(2020년 완공 예정)

김포공항 주변 고도제한 완화

- 사업개요 : 강서구는 전체 면적의 97.3%가 고도제한에 묶여 있어 지난 60여 년 동안 주민들의 재산권 행사가 제한되었고, 토지의 효율성이 1/10에도 미치지 못해 재산가치가 낮게 평가되고 있음. 특히, 랜드마크적인 건축물 계획이 불가능하고, 마곡지구 개발, 주거지 재정비사업 등 각종 도시재

생사업 추진에 어려움을 겪고 있음.

※ 아파트 기준으로 13층 이하의 건축물밖에 들어설 수 없음
※ 고도제한 피해 손실액 약 59조 원(추정)
- 사업기간 : 2010년 8월~고도제한 완화 시까지
- 규모 : 40.3㎢(구 전체면적의 97.3%)
- 주요내용
- 용역을 통한 고도제한 완화의 합리적 근거 마련
- 고도제한 완화 관련 법령 개정 위한 건의 활동
- 고도제한 완화 정착을 위한 주민 소통 자세히 보기
- 기대효과
- 마곡지구가 강서구의 랜드마크로 부상하게 될 것이며, 재건축·재개발 등 도시재생사업으로 재산권 행사가 활발히 전개되어 비전 있는 도시로 발전하게 될 것임.

서부권역 광역철도 구축(원종역~화곡(까치산)~홍대입구)

- 사업개요 : 서울시 자치구 중 두 번째로 인구수가 많은 강서구만이 구청 주변에 철도역이 위치하고 있지 않은 유일한 지역, 부천·인천·양천구에서 강서구를 경유하여 통행하는 차량들로 인해 화곡로 등 주요도로 교통 정체현상 가중, 첨단 산업의 메카로 변신 중인 마곡을 비롯 부천·상암지역 개발에 따른 교통유발 수요에 대응할 수 있는 대중교통 확충 필요
- 사업기간 : 2019년~2023년(7년, 예비타당성 조사 이후)
- 사업구간 : 원종~화곡(까치산)~홍대입구 간 광역철도 신설 17.75㎞
- 주요내용 : 복선전철 16.30㎞, 단선전철 1.45㎞(지하철 2호선 지선 연결선)
- 정거장 : 10개 역(환승 7개역 : 원종, 신월, 까치산, 화곡, 가양, 상암DMC, 홍대입구)

서울특별시 강서 미라클메디(Miracle-medi) 특구 지정

- 위치 : 강서로, 공항대로 일원(1,810,035㎡)
- 사업기간 : 2016년 1월~2018년 12월
- 사업내용 : 특화사업 발굴 및 규제특례 마련, 특구 지정
- 특화사업(4개 분야, 20개 사업)
- 의료관광 클러스터 조성 시범사업(이화의료원·서울스타병원 신축, 미즈메디·웰튼 증축), 의료관광 기반 마련 사업(강서관광 종합안내센터 건립, 전문인력 양성), 의료관광 활성화 사업(홍보마케팅, 양한방 의료관광 활성화), 의료관광도시 구현 사업(간판이 아름다운거리 조성, 모범 음식점 지원)
- 기대효과 :
- 의료서비스와 문화관광이 융·복합된 의료관광활성화를 통한 미래 신성장 동력 확보.
- 국제 의료문화관광 허브로 육성하여 의료관광산업의 경쟁력 확보.
- 차별화된 도시발전 전략을 통한 의료관광특화도시로 지역의 위상 정립.
- 전후방사업에 파급을 통한 지역경제 활성화, 일자리 창출.

노원구 도시재생사업

- 위치 : 도봉구 창동과 노원구 상계동 일대
- 면적 : 약 98만㎡
- 주요내용 : 창동차량기지 등 약 38만㎡에 이르는 대규모 이전부지에 지식형 R&D 및 복합 문화시설(아레나), 창업 및 문화산업단지, 플랫폼창동61, 동북권 창업센터, 50+북부캠퍼스, 사진미술관, 로봇과학관, 고가하부 문화예술공방, 동서 간 연계교량 조성, 복합유통센터, 복합환승센터, 문화예술테마거리 조성하여 수도권 동북부 광역중심의 발전 기반 마련.
- 사업비 : 총 2조 원

- 교통망 확충 :
- 지하철 동북선 : 상계역~중계동~하계역~월계역~고려대역~제기역~왕십리역 13.34㎞
- 동부간선도로 확장 : 월계1교~의정부 시계
- 복합환승센터 : KTX 동북부연장, GTX-C노선과 경원선 지하화 병행 추진

'청량리 동북권 랜드마크' 사업

- 위치 : 동대문구 전농동 620-47번지 일대
- 면적 : 43,137.4㎡
- 주요용도 : 공동주택, 숙박시설, 오피스텔, 판매시설, 업무시설, 문화 및 집회
- 건축규모 : 지하7층/지상65층, 높이 200m
- '청량리588' 집창촌의 부정적인 이미지를 지워버리고 새로운 랜드마크를 건설하는 사업.
- 청량리역엔 KTX, GTX-B, SRT 등 다양한 사업이 예정되어 서울 북부 대표 교통의 요지로 거듭나고 있음.

장승배기 종합행정타운 건립 계획

- 노량진의 구청, 경찰서를 장승배기로 이전하여 행정중심지로 계획
- 노량진 주변 지역에 상권활성화시설을 유치하여 상업중심지로 계획
- 위치 : 상도동 176-3 영도시장 일대 약 13,453㎡(4,070평)
- 면적 : 약 22,628㎡(약 6,845평)
- 주요내용 : 신축(구청, 구의회, 근린시설 등), 리모델링(보건소, 문화복지센터)
- 건축규모 : 지하3층/지상11층(복합청사), 건축연면적 48,350㎡(14,625평)

서울을 대표하는 랜드마크, 당인리 문화창작발전소

- 위치 : 마포구 토정로 56(합정동) 서울화력발전소 일대
- 면적 : 24,000㎡
- 주요내용 : 산업화시대의 상징물인 서울화력발전소 발전기 4, 5호기를 홍대, 신촌 등 주변의 문화적 자산 및 한강과 연계한 문화창작발전소로 조성해 서울을 대표하는 랜드마크로 육성할 예정.

'서초형 도시재생' 플랜

- 20~30년이 지난 저층 다세대주택이 밀집한 방배지역의 도시재생을 위해 철도셔틀 도입 등 맞춤형 종합 마스터플랜. 2025년까지 7년에 걸쳐 추진할 계획.
- 방배지역의 교통, 주거환경, 경제 등 각 분야별 사업을 연계한 것으로 △철도셔틀 신설 △미니 센트럴파크 조성 △생태육교 설치 △재건축 구상 △노후시장 정비 등 5대 중점 추진.

한강변 대규모 정비사업 추진

- 한강변 접근 체계개선 및 맞춤형 공공시설을 확보하여 반포지구를 수변경관의 랜드마크로 조성.
- 한강변 접근체계 개선 : 덮개공원, 지하차도, 보행브릿지, 복합문화스트리트(지상·지하보행로) → 도심과 한강을 연결하는 한강변의 직접 접근체계(지상·지하) 구축.
- 한강 경관자원과 연계한 공공성 확보 : 한강변 입체 보행데크 설치 → 시민 모두가 이용 가능하고 한강 조망이 가능한 보행데크를 한강변에 설치하여 공유 경관 창출.
- 공공개방 시설 설치 : 한강변 활성화를 위한 공공개방 시설 설치 → 티하

우스, 수변도서관, 갤러리, 각종체험관, 평생학습관, 문화시설 등.
- 주공1단지 (1,2,4주구)
- 구역면적 : 345,301㎡
- 신축규모 : 최고 35층, 111만㎡, 5,748세대
- 공공시설 : 덮개공원, 공공청사, 문화시설, 공원, 학교 등
- 신반포3차 경남
- 구역면적 : 140,170㎡
- 신축규모 : 최고 35층, 62만㎡, 2996세대
- 공공시설 : 복합문화 스트리트(지하연결 보행로), 공공청사, 공원, 문화시설 등

영등포도심권 도시재생활성화지역 지정 및 도시재생사업 추진
- 사업개요 : 영등포도심권·경인로변 일대 약 70만㎡를 중심으로 문래동 공공지 문화·예술·산업이 집적된 창발적 융복합 거점 조성, 경제기반 활성화 및 청년계층 유입을 위한 상업·문화·보행중심 도심 조성 등을 추진.
- 선정결과 : 경제기반형 도시재생활성화사업
- 지원규모 : 마중물 최대 500억 원 지원
- 사업구간 : 영등포도심권·경인로변 일대/약 786,000㎡
- 사업목표 : 서울대도시권 서남부의 산업·경제·문화의 중심으로 영등포 도심권 전략적 육성.
- 주요내용 : 핀테크 산업 전략적 유치·육성, 머시닝밸리 경쟁력 강화, 창발적 문화산업 육성, 산업·문화 보행 인프라 개선.

용산공원

- 목표 : 민족성과 역사·문화성을 갖춘 자연생태 및 국민휴식 공간인 국가공원
- 위지 : 용산 미군기지가 있던 243만㎡ 규모
- 비용 : 1조 2,000억 원
- 기간 : 2019년부터 2027년까지 단계적으로 완성해나갈 예정.
- 시행자 : 국토교통부
- 주요내용 : 용산공원정비구역(공원조성지구, 복합시설조성지구, 공원 주변 지역)을 종합적으로 정비·관리.

세운재정비촉진지구 지정

- 위치 : 서울시 종로구 종로3가동 175-4번지 일대
- 면적 : 439,356.4㎡
- 목표 : 세운상가 주변 일대 낙후된 지역에 대한 토지의 효율적 이용과 기반시설의 확충 및 도시기능 회복을 위하여 재정비촉진지구로 지정하고 광역적인 계획을 수립함으로써 도시의 균형발전을 통한 도심상권 활성화를 도모하고자 함.
- 목표연도 : 2006년 10월~2023년 12월

서울역 주변 도심재생 활성화

- 사업규모 : 봉래동 일대 30,743㎡, 남대문로5가 13,127㎡
- 사업내용 : 서울역 일대 역사·문화성을 살리는 지역 맞춤형 재생 추진.
- 공동체 문화 활성화 및 지속성 유지를 위한 마중물사업 중점 지원.
- 권역별 사업추진
- 중림동 일대 : 4개 부문 8개 세부사업

- 중림로 보행문화거리 조성 및 청년 창업시설 등 앵커시설 조성 등
- 역사문화 탐방 프로그램 발굴 및 안전마을 만들기 사업 등
• 회현동 일대 : 4개 부문 5개 세부사업
- 탐방 프로그램 계획 및 정비, 게스트하우스 활성화 프로그램 마련 등
- 주거분화 복합공간 조성 및 건축개량 유도를 위한 규제완화, 컨설팅 지원
• 남대문 일대 : 2개 부문 3개 세부사업
- 숭례문과 시장연결 교통섬 광장 조성 및 가로변 이벤트, 휴게공간 조성 등
- 본동 상가 아케이드 설치 등 가로환경 개선 등

중랑구 상업지역 확대 및 활성화 계획

• 망우지역중심(망우~상봉 일대) : 상봉터미널 부지 복합개발 및 망우역 일원 업무·상업시설 개발을 유도하여 철도·버스 교통을 기반으로 한 동북부 비즈니스 거점으로 육성.
• 면목지구중심(사가정역 일대) : 상습정체구간 해소를 위한 도로환경개선, 사가정시장 정비 등 근린상업지역 기능 제고.
• 묵동지역중심(먹골역 일대) : 판매시설, 상업지역을 확대하고 경제를 활성화.

II. 부산 플랜 2030

미래상 : "활력 있는 지식경제도시,
삶의 질 높은 품격도시,
글로벌 비즈니스 중심도시"

1. 2030년 부산도시기본계획

1광역중심 : 4도심

- 유라시아 대륙연계 실크로드의 시종점이자 북극 해상루트 개척 및 통일시대 동해물류의 아시아~아프리카 육해공 연계 허브지역이며, 환태평양 교류의 관문으로서 위상 정립을 위한 광역중심 계획.
- 기존 도심의 통합을 통해 광복(중부산권 : 북항재개발, 서면(BIFC 포함)~해운대(동부산권)~강서(서부산권 : 신공항 주변 포함)으로 이어지는 경제권 중심지로 육성.

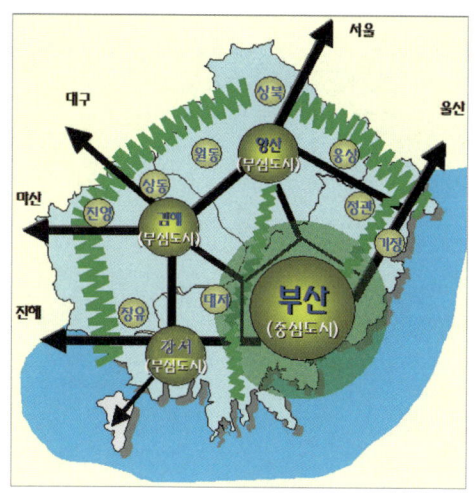

2030 부산시 도심공간구조

4도심 : 광복, 서면, 해운대, 강서

- 부산광역시의 상징성을 고려하여 원도심 일원(광복 및 서면) 도심기능 유지 및 컨벤션 및 영화 산업의 중심인 해운대를 부도심에서 도심으로 조정하고, 각종 개발사업에 의해 중심지로 성장해가는 서부산권(강서) 도심기능 부여를 통해 생활권별 도심기능 제고.

구분	위치	주요기능
도심	광복	• 원도심으로서 부산시 근대역사의 상징성 제고 • 상업 업무기능 중심 • 북항재개발 및 부산역창조플랫폼 조성 등 도시재생사업으로 원도심 재창조
	서면 (연제 · 문현)	• 연제 및 문현 BIFC와 연계한 행정 · 업무 · 금융 · 상업의 중심기능 • 부전역세권 개발 등으로 서면~연제(시청) 간 공간적 통합 유도 도시기능 재생
	해운대	• MICE산업 및 영상 · 영화산업의 중심지 • 해양관광 · 레저 · 휴양레포츠 등 해양 관련 산업의 허브
	강서	• 부산광역경제권 내 산업 및 물류 중추도시로서 위상 강화 • 새로운 낙동강시대 도래에 따른 상업 업무 중심기능 강화

4도심 6부도심

6부도심 : 하단, 사상, 신공항, 덕천, 동래, 기장

- 노후화된 산업단지의 구조고도화, 낙동강과 연계한 친환경 개발 유도 및 광역경제권의 연계기능 강화 역할 수행을 위해 도심기능을 보완하는 6부

구분	위치	주요기능
부도심	하단	• 상업 및 기간산업의 중심 • 강서 및 명지와 연계한 서부산권 중심지 기능 강화
	사상	• 역세권개발 및 기간산업의 중심 • 노후산업단지 재생 등을 통한 구조고도화로 도시첨단산업의 중심
	신공항	• 강서중생활권의 중심기능 • 부산광역경제권(신공항 등) 개방(연계) 중심기능
	덕천	• 상업 및 업무기능의 중심 • 주변 위성도시(양산과 김해)의 중심기능
	동래	• 고도심으로서 교육·문화·관광의 중심 • 관광 및 문화기능 강화
	기장	• 동부산관광단지를 중심으로 한 관광기능 강화 • 주거기능 중심

도심 계획.
- 공항복합도시 에코델타시티 개발, 동부산 관광단지 조성 등에 따라 신공항과 기장을 부도심으로 계획.

5지역 특화핵 : 가덕, 녹산, 금정, 정관, 장안
- 지역특성을 반영하고 중생활권의 중심지 역할을 유도할 수 있는 설정.
- 가덕도 일원은 해양복합관광 중심으로 국제도시의 Gate-way 역할 수행, 녹산은 부산신항을 중심으로 한 물류기능, 금정은 동래와 연계한 도심문화 재창조 및 역사문화 교육기능 강화, 정관은 울산시 및 양산시 등 접경지역 중심도시로 육성, 장안은 방사선의과학 산업단지 등과 연계한 경제중심지로 육성.

구분	위치	주요기능
지역 특화핵	가덕	• 해양복합관광 중심기능 • 국제도시의 Gate-way 역할 수행
	녹산	• 부산 신항을 중심으로 한 물류 중심기능 • 부산광역경제권(창원, 거제 등) 개방(연계) 중심기능
	금정	• 고(古)심문화 재창조, 역사·문화·교육기능 강화 • 부산광역경제권(양산 등) 개방(연계) 중심기능 강화
	정관	• 주거상업기능 중심의 자족기능 • 동남광역경제권(울산 등) 개방(연계) 중심기능 강화
	장안	• 첨단의료·방사선의과학·녹색산업의 중심 • 산업단지와 연계한 동남광역경제권(울산 등) 개방(연계) 중심기능

2. 7대 도시발전축 구축

7대 도시 발전축

광역중심 도심재생축 : 강서~광복~서면~해운대구 내륙축

- 광역중심 도심재생축은 중심지체계상 도심인 강서~광복~서면~해운대를 연계하는 도시발전축으로 이들 간 기능적 연계를 통해 광역중심기능을 담당.
- 강서지역을 글로벌시티, 신공항 및 신항만을 중심으로 한 신산업육성 및 도시경제발전축으로 개발.
- 광복일원은 도시재생사업과 연계하여 점진적이고 콤팩트한 경제기반형 도시재생 추진 및 북항재개발과 함께 해양산업 중심지로 개발.
- 서면일원은 문현국제금융단지, 서면의 기존 도심, 시청 및 법조타운 등과 연계한 행정중심 및 국제금융중심지로 개발.
- 해운대일원은 기존 관광·컨벤션기능을 극대화한 MICE산업 및 IoT산업 중심지로 개발.

- 중심지 혼잡완화를 위한 교통체계 정비 및 관련 인프라 구축.

국제미항 항만재생축 광복~북항~해운대구 해양축

- 국제미항 항만재생축은 광복~북항~해운대로 이어지는 해양축으로 북항 재개발 사업을 중심으로 한 세계적 해양관련 기능 특화 추진.
- 북항재개발 사업을 중심으로 한 복합항만개발 거점으로 개발하여 크루즈, 마리나 및 해양레저 관광의 메카로 조성.
- 기존 산악축 및 시가지와 연계한 Green-Blue 네크워크 구축으로 상호 단절된 기능, 자원, 사람 간 연결·소통·화합의 장으로 개발.

신공항권 도시성장축 : 사상~신공항일원~녹산

- 신공항권 도시성장축은 서부산권 일원으로 신공항 및 신항을 통한 국제물류도시기능 강화를 위한 관련 특화산업육성 및 인프라 정비.
- 강서지역은 서부산권 개발과 연계한 글로벌 라이프벨트 및 하이테크 물류벨트 등 조성.
- 사상 및 북구 일원은 강변 창조 도시 조성, 산업공간재생 및 주거공간 재생 중심으로 개발.
- 하단 일원은 다대포와 연계한 해양종합관광중심지 등으로 개발.
- 신공항 및 신항만과 연계한 첨단산업의 복합화 및 구축 Tri-Port.
- 사상스마트시티사업 추진으로 기존 공업지역 정비를 위한 스마트재생벨트 구축 및 이를 통한 산업구조 고도화로 혁신형 산업공간으로 재편.

기존 도심의 과밀화 해소 및 2030년 등록 엑스포 등과 연계한 국제업무 역할 분담.
서부해안 해양산업축 : 하단~명지~녹산~가덕

- 서부해안 해양산업축은 하단(다대포 일원 포함)~명지~녹산~가덕도로

이어지는 도시 발전축, 동부산권과 차별화된 해양산업 관련 중심지 육성.
- 명지 국제신도시 등 다국적 해양도시 개발로 국제적 인재양성과 흡수로 해양수도로서 위상 제고.
- 신평 장림공단 일원 산업재생으로 순환형 도시 정비 및 해양관련 산업 특화개발.

동부해안 관광산업축 : 광안리~해운대구~기장~장안

- 동부 해안 관광산업축은 부산의 대표적 해양관광자원인 광안리·해운대 해수욕장에서 기장~장안으로 이어지는 개발축으로 기존의 단순 관광기능에서 탈피하여 의료·문화·체류형 관광도시로 변환을 통해 서부해안 해양산업축과는 차별화된 도시발전축 형성.
- 기장군 일원은 기존 구릉지를 활용한 친환경 정주공간 조성 및 해양관광 인프라 확충.

접경지역 배후주거연계축 : 신공항~덕천~금정~정관~장안

- 접경지역 배후주거 연계축은 시역 외곽부를 따라 형성된 도시발전축으로, 주변 도시인 울산광역시, 창원시, 김해시, 양산시 등과 연계한 차별화된 특화기능 및 주변 도시들에 대한 중심지 기능 수행을 위해 전략적 개발 유도.
- 접경지역을 따라 산업 및 주거기능 재생을 통한 순환형 도시정비로 주변 도시에 대한 주거 및 산업중심지 기능 중점 육성.

광역외부연계축

- 광역외부연계축은 부산권 내 주요 도시와 연계되는 광역차원의 외부연계축으로, 주요 거점지역들과 물리적·기능적 연계를 통한 도시발전축 형성

유도.
- 부산권 내 원활한 물류 연계를 위한 교통망 확충 및 노선형 도시 정비를 통한 진입경관 향상.

3. 주목할 부산시 주요 프로젝트

김해 신공항

미국 유럽 등 중·장거리 항공노선 활성화로 부산은 국제 관문도시로 부상.
- 2026년 개항 목표
- 모두가 〔꿈〕꾸는 공항 : 첨단 무인 자동화 시스템이 구축된 스마트 공항
- 더욱 〔안전한〕 공항 : 신규 활주로 건설로 이·착륙 분리 안전성 확보
- 〔어느곳〕이든 닿을 수 있는 공항 : 미주 유럽 노선 40개국 100개 도시, 3,000편/주 운항
- 접근성이 〔편리〕한 공항
- 공항복합도시 조성
- 신공항 주변에 첨단 에어시티(Air-City)가 개발되고 연구개발특구, 에코델타시티 등을 연계한 공항복합도시가 조성되어 일자리 창출 및 지역경제가 크게 성장할 예정.
- 트라이포트 구축
- 공항 항만 철도를 연계한 트라이포트 시스템도 구축하여 복합물류도시 완성을 목표로 함.

부산항(북항) 재개발

- 위치 : 부산항 북항 연안부두~4부두 일원

- 면적 : 1,532,419㎡/1단계
- 사업비 : 총 8조 5,190억 원(기반시설 2조 388억 원, 상부시설 6조 4,802억 원)
- 도입기능 : 해양공원 등 친수시설, 항만시설, 상업·업무 등 복합기능
- 주요시설 : 부산항여객터미널, 북항 오페라하우스, 협성 마리나 G7, BBS 불교방송
- 사업 배경
- 부산 신항 개장 등 여건 변화에 따른 부산항 항만 기능 재편 필요성 대두
- 사회환경 변화에 따른 워터프런트 개발 요구 증대
- 국제여객터미널 등 통합 여객터미널 필요
- 원도심 등 주변지역과의 연계 개발 필요
- 사업목적
- 국제해양 관광거점으로 육성 → 동남해안 관광벨트 중심으로 육성
- 유라시아 관문 및 해륙교통의 요충지로 개발 → 해륙 교통의 관문역할 수행
- 친수공간 조성 → 워터프런트 조성으로 여가공간 확보
- 원도심 재생 → 기존도심과의 통합개발로 부산 재창조

오시리아관광단지 조성사업

- 개발콘셉트 : The city of stars(건강하고 행복한 삶을 꿈꾸는 모든 이들을 위해 자기만의 스타성을 발견하고 체험하는 공간)
- 위치 : 부산광역시 기장군 기장읍 대변·시랑리 일원
- 면적 : 3,662,725㎡
- 주요시설 : 테마파크, 아쿠아월드, 랜드마크 호텔, 복합쇼핑몰, 골프장 등
- 사업기간 : 2005년~2019년
- 사업목표

- 지속 가능한 사계절 체류형 명품 복합해양레저도시 조성.
- 선진적 관광레저 트렌드에 반영, 지역 특성을 반영한 차별화된 관광단지 개발, 환경친화적인 녹색관광단지 조성.

국제산업물류도시 조성

- 위치 : 낙동강 하구 강서지역 일원
- 면적 : 33㎢(향후 개발 수요에 맞춰 단계적으로 확대 개발)
- 사업기간 : 2008년~2020년
- 국내적 필요성
- 부산신항 및 국제공항 소재, 경제자유구역 인접
- 국가 기간산업이 밀집된 동남권 산업벨트의 지리적 중심
- 향후 한반도대운하, 대륙횡단철도의 기종점 위치

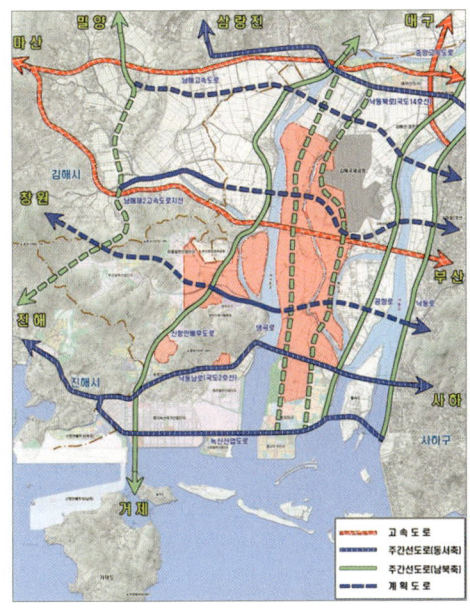

국제산업물류도시 개발 계획도

- 경부축, 영호남축으로 도로 · 철도 등 광역교통망 발달
- 주 간선도로는 남북축으로 거제에서 대구 그리고 부산 사하를 따라 구축되어 있으며 후에는 밀양과 진해 그리고 김해국제공항을 중심으로 도로가 구축될 예정.
- 동서축으로는 진해와 사하가 연결되어 있고 부산과 삼량진이 연결되어 있으며 차후 부산과 창원을 중심으로 도로가 구축될 예정.

국제적 필요성
- 국제항만, 공항소재로 글로벌 물류네트워크상의 중심. 향후 북극항로 개설 시 미주와 구주항로를 연결하는 세계 최강 물류입지 확보(부산항→로테르담 항까지 10일 단축, 40% 절감)
- 중국 동부, 러시아 극동해안 도시들과 물류네트워크 구축 용이.
- 일본 규슈지역과 광역경제권 형성의 링크 역할 가능.

부산혁신도시

부산혁신도시는 동삼혁신지구에 해양 · 수산 4개 공공기관이 이전하는 것을 비롯, 영화 · 영상 관련 3개 기관은 센텀지구, 금융 및 기타 공공기관 5개는 문현지구에 입지하게 되며, 공동주거지를 군수사 이전부지에 조성하여 3개의 혁신지구와 공동주거지로 출범.

동삼지구

- 위치 : 영도구 동삼동 1125번지 일원
- 면적 : 616천㎡
- 이전기관 : 한국해양과학기술원, 해양수산개발원, 국립해양조사원, 국립수산물품질관리원
- 유관기관(9) : 한국해양수산연수원, 해양환경개발교육원, 부산해양경찰

서, 부산해사고교, 국제크루즈터미널, 부산항만소방서, 국립해양박물관, 한국해양대(제2캠퍼스), 부산항만공사
- 개발방향 : 해양수산기능군 조성으로 세계적 Marine Technopolis 육성, 중심 랜드마크 시설과 해양친수공원 조성.

문현지구

- 위치 : 남구 문현동 1227-2번지 일원
- 규모 : 102천㎡
- 입주기관 : 11개 기관(이전 공공기관 5, 유관금융기관 6)
- 이전기관(5) : 한국자산관리공사, 한국주택금융공사, 한국예탁결제원, 주택도시보증공사, 한국남부발전(주)
- 유관금융기관(6) : 한국은행부산본부, 한국거래소, 부산은행본사, 농협중앙회부산지역본부, 기술보증기금, 신용보증기금
- 개발방향 : 복합시설 도입을 통한 집적력 강화, 랜드마크적 건축을 통한 공간 이용의 효율 추진.

센텀지구

- 위치 : 해운대구 우동 1466-2번지
- 면적 : 61천㎡
- 이전기관 : 영화진흥위원회, 영상물등급위원회, 게임물관리위원회
- 유관기관(3) : 영화의 전당, 영상후반작업시설, 문화콘텐츠콤플렉스

공동주거지

- 위치 : 남구 대연동 110-1번지 일원
- 면적 : 156천㎡

- 개요 : 공동주택(2,304세대), 오피스텔(112실), 초등학교(1개소), 유치원(2개소)

산복도로 르네상스 프로젝트(총괄)

일제강점기~한국전쟁 과정에서 형성된 근·현대사의 역사적 산물인 원도심 산복도로 일원 주거지역의 역사·문화·자연경관 등의 기존 자원을 활용한 주민주도(마을 종합 재생) 프로젝트

- 대상 지역 : 원도심 산복도로 일원 주거지역(6개구)
- 대상 자치구 : 중구, 서구, 동구, 부산진구, 사하구, 사상구
- 사업구역 : 3개 권역(구봉산, 구덕·천마산, 엄광산), 9개 사업구역
- 사업방향 : 공간·생활·문화 재생을 통한 자력수복형 종합 재생
- 사업방법 : 권역별 순차적 시행
- 사업기간 : 10개년 사업(2011년~2020년)
- 사업비 : 1,500억 원

III. 경기도 플랜 2020

미래상 : "세계 속의 경기도, 지식·기술·문화 창출의 중심, 도약하는 사회"

1. 경기도 종합계획(2012~2020) 개괄

중심지체계 : 8광역거점—8전략거점—17지역거점

- 8광역거점 : 수원, 안산, 부천, 고양, 양주, 남양주, 성남, 평택
- 8전략거점 : 용인, 안양, 오산·동탄, 화성 남양, 김포, 파주 문산, 의정부, 이천
- 17지역거점 : 안성, 과천, 광명, 의왕, 군포, 시흥, 하남, 파주, 여주, 안중, 구리, 광주, 동두천, 가평, 양평, 포천, 연천

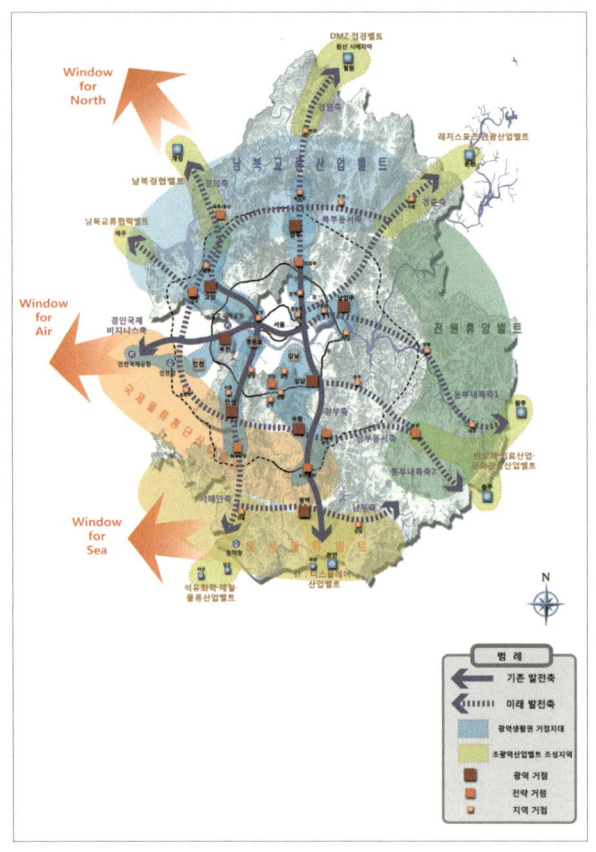

2020 경기도 공간 구성(8광역거점, 8전략거점, 17지역거점)

발전축

- 경부축 : 성남, 수원, 평택, (천안)

- 서해안축 : 광명, 안산, 화성, 평택항, (서산, 당진)

- 경의축 : 고양, 파주, (개성)

- 경원축 : 의정부, 양주, 동두천, 연천, (철원, 원산)

- 경춘축 : 구리, 남양주, 가평, (춘천)

- 동부내륙축 1축 : 남양주, 양평, 여주, (원주)

- 동부내륙 2축 : 성남, 광주, 이천, (충주)
- 북부동서축 : 김포, 파주, 양주, 동두천, 포천, 가평
- 남부동서축 : 안산, 수원, 용인, 이천
- 남부축 : 안중, 평택, 안성
- 경인비지니스축 : (서울)~부천~(인천)

발전 전략
- "다중심화 전략과 연계형 광역생활권 형성 전략" 추진.
- '서울의 주변'을 탈피하여 "초광역권의 활동 중심 지역"으로 역할 전환.
- 성장축을 중심으로 한 공간구조 형성 전략.
- GTX, 광역·도시철도를 중심으로 한 수도권 철도망 완성과 TOD 역세권 개발.
- 5+2 광역경제권 충청권, 강원권, 개성권과 연계 강화.

2. 경기도 7대 핵심 추진 전략

핵심1 "과학기술 수도" 글로벌 교육·과학·연구 벨트 조성
- 경부축상의 과천·안양, 성남, 수원에 조성 중인 거점 R&D시설과 네트워크를 활용하여 서울 테헤란 밸리, 양재 밸리를 연계한 삼각 R&D 클러스터 조성.
- 수원, 성남, 과천 등 공공청사 이전에 따른 이전적지에 대한 활용을 지식 기반 R&D단지로 유도하여 광역 R&D벨트 조성.
- 주요 거점별 특화전략
- 과천·안양거점 : 과천 교육과학연구 중심도시, IT벤처기업 중심

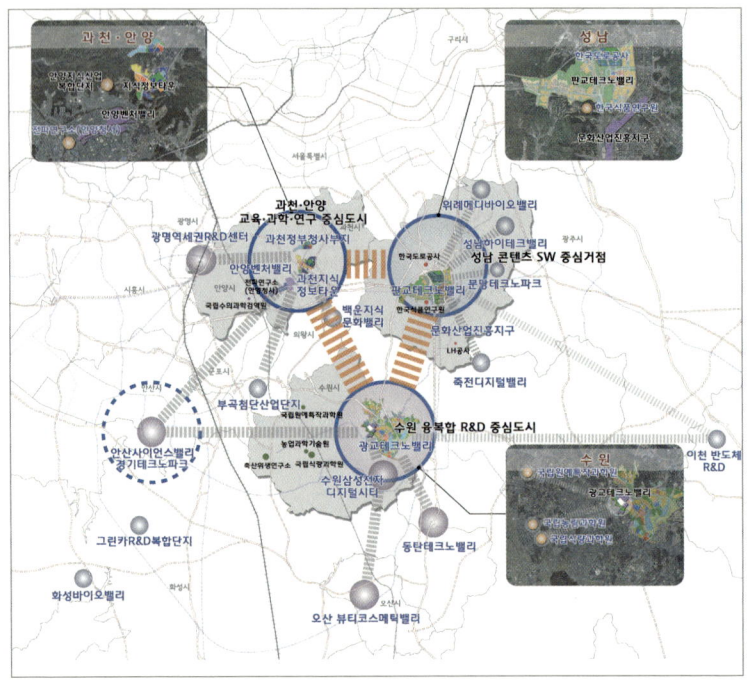

글로벌 교육·과학·연구 벨트 조성 계획도

- 성남·판교거점 : 민간 R&D기능, 게임과 콘텐츠 및 주문형 반도체 클러스터
- 수원·광교거점 : 공공 R&D기능, 모바일기기 및 IT융합기계 특화
- 또한 안산 사이언스밸리(ASV) 산업거점, 용인 IT 산업 거점, 오산 코스메틱밸리, 이천 반도체 클러스터 R&D벨트로 육성.

핵심2 "수퍼 경기만" 서해안권 신성장산업 전략특구 조성
- 동북아 환황해경제권을 선도하는 "녹색복합 신성장동력산업 허브"로 조성하여 대 중국 특구로 발전.

서해안권 신성장산업 전략특구 조성 계획도

- 효율적이고 생산적인 첨단녹색농업지역 조성.
- 환황해권 경제를 선도하는 신성장산업 육성.
- 동북아지역 해양 레저·관광의 중심지 형성.
- 서해안 주요 거점을 연결하는 경기만 스마트하이웨이 건설.

핵심3 "신활력 지역거점" 경기북부지역 신성장밸리 조성

- 남북 간의 공간구조 연계전략과 기존 특화산업인 섬유, 피혁, 가구산업 의존전략을 탈피하여, 파주 지역의 성장 산업과 연계시키고, 동서 간 공간구조 확장 및 광역교통 인프라 확충전략을 통해 낙후 지역인 북부권의 새로

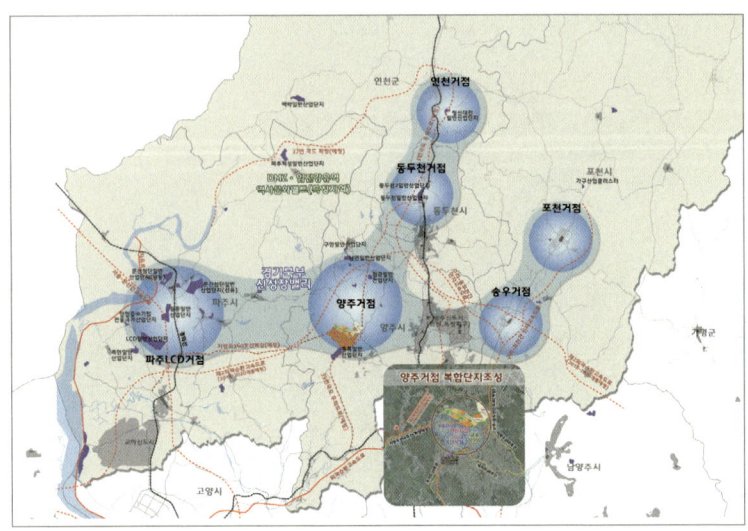

경기북부지역 신성장밸리 조성 계획도

운 성장벨트 형성.
- 인근 파주 LCD 연관 산업 유치 및 이전수요 수용을 통해 신규 성장동력산업을 육성하고, 이를 위해 거점산업단지를 조성.
- 건강 관련 R&D 및 생산으로 미래 신성장산업 창출하고, 섬유·가구 등 지역특화산업의 고부가 가치화로 경쟁력 강화.
- 동서 간 공간구조 확장 및 신성장산업 유치가 가능하도록 국지도 39호선 확장하고 제2순환고속도 조기 준공 추진.

핵심4 "한류 허브" 동아시아 문화 허브 창조도시 건설
- 창조산업 집적지 육성을 통해 지역발전을 선도하고, 동아시아 문화허브로 조성하여 경기도 브랜드 가치 증대.
- 경기도 내 반환 공여지와 공공기관 이전 종전부지 등 전략개발지를 활용

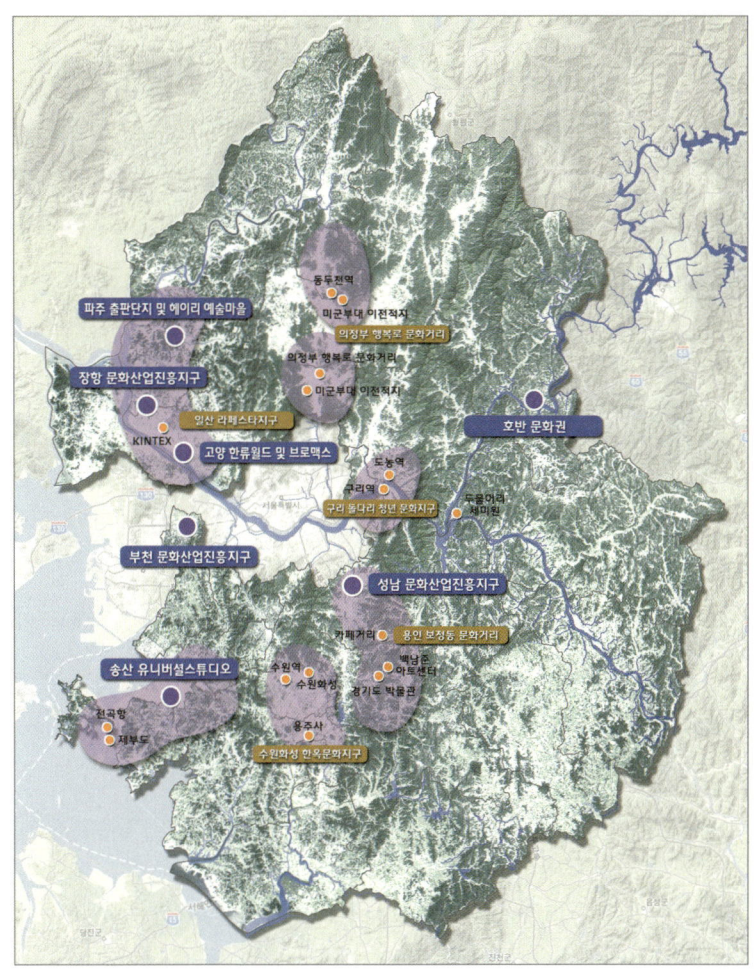

동아시아 문화 허브 창조도시 조성 계획도

하여 경기도 도시들을 글로벌 창조도시로 건설.
• 주요 문화산업 집적지역을 문화산업진흥지구로 지정하여 육성하고, 인근 문화역사자원과 연계하여 클러스터화 추진.

- 생활 속 문화 생산—소비 거점 개발.
- 지역특화 문화산업인 도자기산업 집적지를 도자기특구로 육성.
- 국제문화도시, 평생학습도시 등 시군별 특화발전 추진.

핵심5 "글로벌 메가시티" 수도권 광역철도망 확충과 역세권 개발(GTX 광역 환승체제 구축)
- 수도권 메가시티 경쟁력 확보를 위해 2020년까지 광역철도망을 확충하고 통합환승체제를 완성.
- KTX와 GTX 노선을 활용하여 경기도를 포함한 수도권 광역경제권 전체를 30분대 고속통합 통행권으로 구축.
- KTX 및 GTX 망을 완성하여 수도권의 30분대 고속통합통행권 구축(2차 국가철도망 구축계획안(2011년~2020년)에 반영).
- 방사형을 보완하는 순환형 철도망을 조기에 구축하고, 도시철도사업에 의한 간선 철도체계 구축-대곡소사선-수인선-분당선 연장-서울도시철도 8호선-별내선-교외선 복선전철 등을 연결.
- 수도권 광역 대중교통 환승체계 구축.
- GTX 및 철도역 주변의 역세권 개발과 역세권 비즈니스지구 개발.

핵심6 "스마트 경기도" 저탄소 녹색사회 실현을 위한 스마트 공간기반 구축
- 직주통근형의 전통적인 일하는 방식 외에 새로운 근무방식의 도입을 위해 스마트 오피스 기반 조성-유연적 근무 실현을 위해 스마트 업무 공간(화상회의시스템 등) 조성.
- 모바일 업무수행 지원을 위해 주요 통근축상에 모바일 워킹타운 시범 조성.
- 모바일 워킹타운 시범지구 조성사업 : 2020년까지 17개소.

- 주민센터를 활용한 근거리형 스마트 커뮤니티센터 시설 확충.
- 주민센터를 활용하여 2020년까지 스마트 커뮤니티센터 500개소 확충.

핵심7 "남북 통합경제거점" 남북한 경제교류협력 및 통일 대비 기반 조성(3하구 벨트 시나리오 구상)

- 남북한 교류협력과 경제통합을 주도할 경제교류협력 거점을 접경지역의 주요 거점에 조성.
- 장기적으로 한강, 임진강, 예성강 3하구에 남북통합경제지대를 조성하는 '3하구 벨트(가칭)' 구상 추진.
- 단계별 추진 전략
- (1단계) 평화와 민족화해 공동사업 추진 : DMZ 민족생태공원 조성과 생물권지역 지정, 임진강유역 수해방지시스템 구축.
- (2단계) 남북한 교통인프라 연결 : 서울~문산 고속도로와 평양~개성 간 고속도로 연결, (장기) GTX 개성공단 연장.
- (3단계) 남북한 경제협력을 위한 특구 조성 : 파주·문산 남북한 통일경제특구 건설, 김포, 강화, 연천 남북교류협력단지 건설.
- (4단계) 한강, 임진강 하구 지역을 제2의 서해안벨트로 개발 : 한강~임진강~예성강 3하구 벨트(가칭)화 비전 추진.
- 파주 LCD 및 IT산업과 개성공단 연관산업을 중심으로 남북경제협력단지 조성.
- 접경도시 개념의 남북교류협력도시 건설.

3. 권역별 발전 전략

경부권역 : 수원, 성남, 용인, 과천, 안양, 군포, 의왕, 안성

- 수도권 Grand R&D 벨트
- 수원화성~용인민속촌~에버랜드 역사문화 관광 벨트
- 제2경부고속도로(성남~용인~안성) 주변 지역 개발
- 경기 남부지역 내륙 산업·물류 클러스터
- 향유와 체험의 녹지인프라 구축

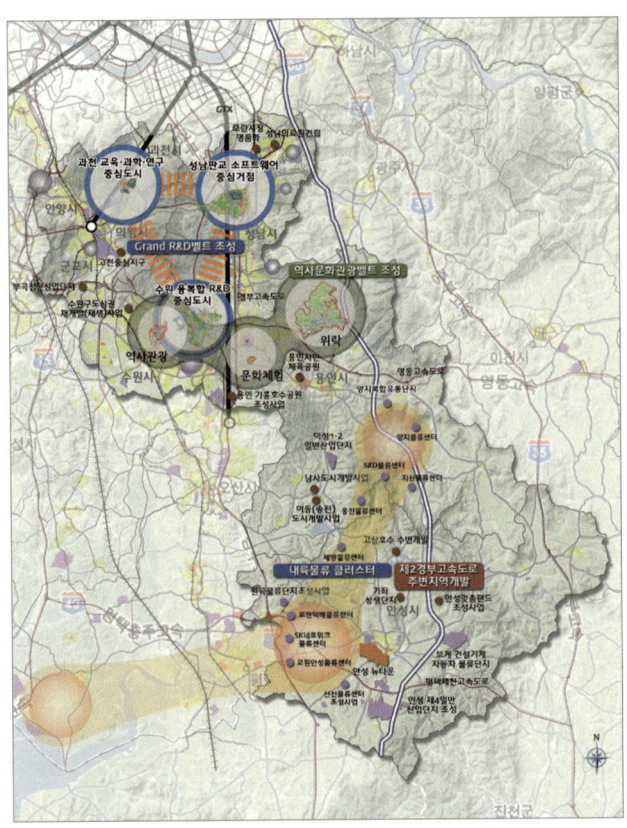

경부권역 발전 전략도

서해안권역 : 안산, 부천, 광명, 시흥, 화성, 오산, 평택

- 시화~평택~화성지구 전략특구
- 안산~시흥~광명권 광역권 개발과 거점 도시 조성
- 경기만 스마트하이웨이(SMART Highway) 건설
- KTX 광명역세권 활성화

 (시화~화성~평택)서해안 글로벌 빌리지 조성

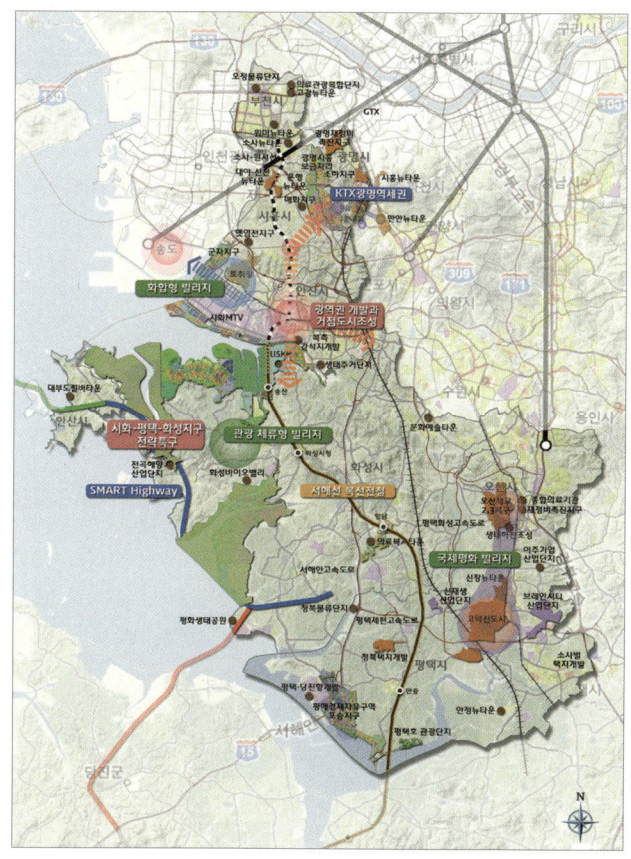

서해안권역 발전전략도

경의권역 : 고양, 김포, 파주

- 고양일산~장항~김포한강~(상암) 디지털 방송문화 클러스터 조성
- 파주문산 통일경제특구 개발
- 생활 속 문화·소비 거점 조성
- 김포·고양·파주 녹색 교통체계(철도망) 및 환승센터 구축
- 3세대 자연·생태체험벨트 구축

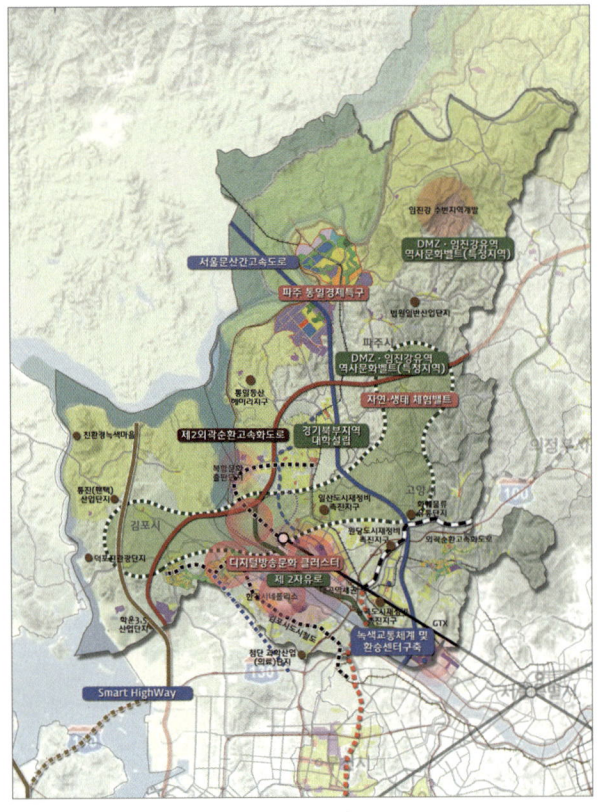

경의권역 발전전략도

경원권역 : 의정부, 양주, 동두천, 포천, 연천군

- 동두천~양주~의정부 신발전거점(반환 공여지 개발)
- 경기 북부지역 SOC 확충
- 경기 북부지역 대학 육성
- DMZ 평화생태벨트 조성
- 섬유 · 패션 산업클러스터 조성

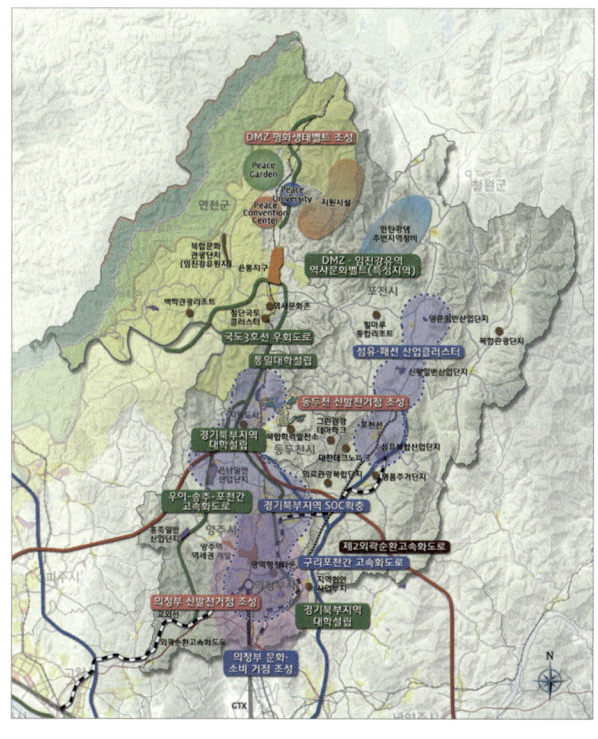

경원권역 발전전략도

동부권역 : 남양주, 광주, 이천, 구리, 하남, 양평, 여주, 가평

- 경기~강원 여가관광벨트 공동개발(경기~강원 Win-Win 프로젝트)

- 미래세대 건강관리 '아토피 클러스터' 조성
- 한강 강변문화 실크로드 개발
- 동부권(경춘선, 중앙선, 성남~여주선) 역세권 개발
- 구리~남양주~하남 녹색시범도시벨트 조성

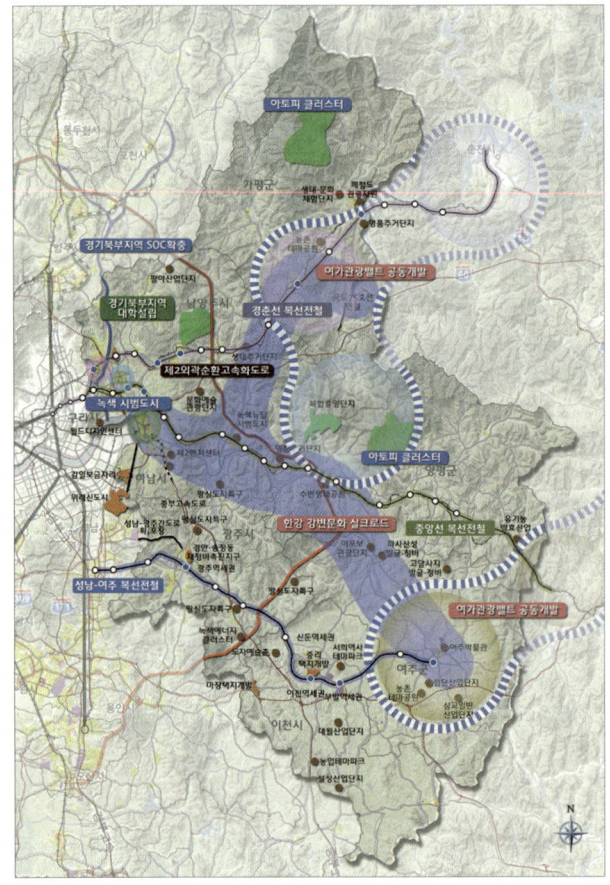

동부권역 발전전략도

4. 주목할 주요 프로젝트

경기북부 10개년 발전계획 수립

- 개요 : 경기북부를 중부·서부·북부·동부권 등 총 4개 권역으로 나눠 특화 개발 예정.
- 중부권(의정부, 양주, 동두천) : '북부발전신성장거점 존(Zone)'으로 패션, 섬유, 가구 디자인 특화산업 육성과 반환 공여지의 전략적 개발 사업 등 추진.
- 서부권(고양, 파주) : '통일산업경제발전 존'으로 테크노밸리, 한류관광지, 개성공단지원 물류단지 등을 조성.
- 북부권(포천, 연천) : '통일생태평화 존'으로 임진강·한탄강 세계지질공원 지정, 통일교육특구 설정, 친환경 에너지타운 조성사업 등을 추진.
- 동부권(구리, 남양주, 가평) : '북한강 문화예술 존'으로 북한강변 문화예술 코리더, 조선왕릉 역사 속 한걸음 트레킹, 느림의 미학 생활체험관 건립 사업 등을 추진.
- 예산 : 총 8조5천718억 원
- 교통(2조7천526억 원), 산업·경제(2조4천143억 원), 환경(1조6천783억 원), 도시 및 지역개발(5천302억 원), 복지·교육(4천461억 원), 남북관계(3천292억 원), 문화·관광(3천259억 원), 농업·농촌(952억 원)
- 시행절차 : 2018년 5월 사업 실행을 위한 세부계획을 수립할 예정.

경기도 산하기관 통폐합 및 북부이전 계획 수립

- 개요 : 경기도의 균형발전을 위해 도 산하 26개 공공기관을 통폐합 및 북부 이전 추진.
- 통폐합 대상 : 경기도평생교육진흥원~경기도청소년수련원, 경기개발연

구원~경기복지재단~경기가족여성연구원, 경기도박물관~어린이박물관~실학박물관~백남준아트센터 등
- 북부 이전 대상 : 경기관광공사, 경기신용보증재단
- 민간 이전 대상 : 파주영어마을, 양평영어마을
- 시행일정 : 2018년 4월 공공기관 경영합리화 연구용역 발주, 2019년 3월 발표 예정

복합스포츠 테마파크 '팀업캠퍼스'(team-up campus)
- 위치 : 경기고 광주 곤지암읍 삼리 430번지 일원
- 면적 : 20만 7천 755㎡
- 총 사업비 : 197억 2,000만 원
- 주요내용 : 국제규격의 야구장 3면, 축구장 1면 등 생활체육시설과 e-스포츠센터, 캠핑장 등

제3판교테크노밸리 조성
- 개요
- 주차난, 대중교통 불편, 주거시설 부족 등 판교테크노밸리 문제를 해결하기 위해 제3판교를 '일터(일자리)'와 '삶터(주거)'가 어우러진 미래형 도시.
- 4차 산업혁명에 대응하기 위해 핀테크 등 정보기술(IT)의 첨단산업과 결합한 금융산업 유치.
- 위치 : 판교제로시티(제2판교)와 인접한 성남시 금토동 일원
- 면적 : 58만 3,581㎡(2022년까지 제3판교가 조성되면 167만㎡ 규모)
- 주요시설 : 3개 구역
- 혁신클러스터 : 핀테크, 블록체인 등 정보기술(IT)과 결합한 금융산업
- 융·복합클러스터 : 첨단산업

- 근린클러스터 : 문화 · 근린생활지원시설
- 시행절차 : 2019년 토지보상, 2020년 착공, 2022년 사업 준공 목표
- 시행주체 : 경기도, 성남시, LH, 경기도시공사

IV. 인천 플랜 2030

미래상 : "녹색 · 문화 · 활력, 세계 10대 도시 인천"

1. 도시기본계획 개괄

4도심

동인천 · 구월, 청라 · 가정, 부평 · 계양, 송도 · 연수

- 도심기능 차별화 및 상호연계로 도시 중추기능 강화
- 원도심 재생 및 신도시(청라 · 송도) 발전을 통한 지역 간 균형발전 및 동반 성장 도모

3부도심

영종, 소래·논현, 검단

• 글로벌 도시 발전을 위한 부도심 지원 기능 육성
- 영종(경제자유구역), 소래·논현(관광거점) 육성
- 검단~김포지역 상생발전을 위한 광역생활권 가능

9지역중심

강화, 길상, 오류, 검암, 가좌, 용현, 만수, 서창, 옹진

• 역세권 중심으로 지역별 자족 발전 가능성 확보

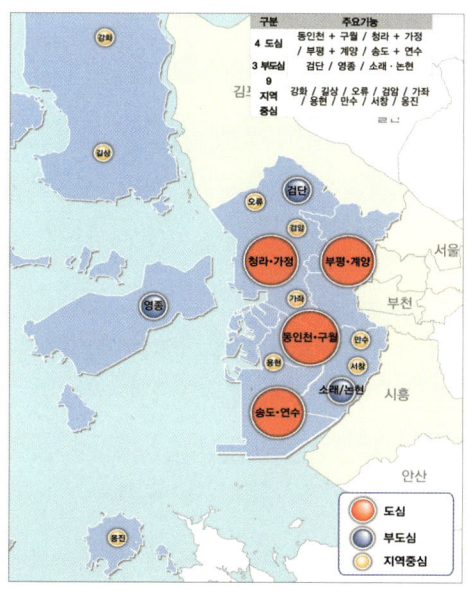

2030 인천시 공간구조(4도심, 3부도심, 9지역중심)

발전축

• 도시재생축 : 영종~동인천~구월~부평~부천~서울

- 미래성장축 : 일산~검단~청라~동인천~송도~안산
- 국제기반축 : 영종~청라~검암~계양~서울
- 평화벨트축 : 개성~강황~길상~영종~송도~안산

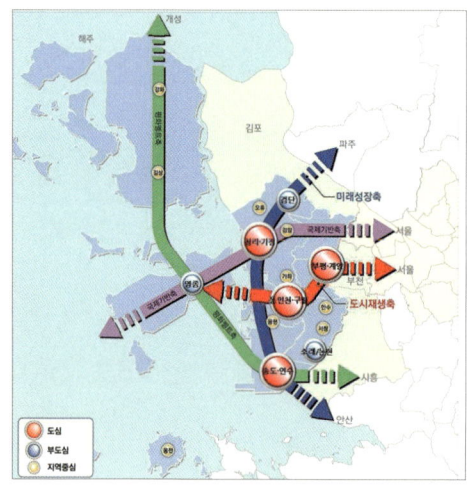

인천시 도시 발전축

보전축

- 백두대간의 속리산에서 김포의 문수산으로 이어지는 한남정맥의 축선상에 입지한 인천광역시의 대표적인 S자형 광역녹지축과 광화지역의 산림을 중심으로 보전거점 형성
- 송도갯벌, 한강하구, 습지보호지역 등 연안 갯벌지역과 아라뱃길 등의 수변지역을 연결하여 수변거점 및 해양자원 보전거점 형성
- 녹지축 : 고려산, 혈구산, 마니산, 가현산, 계양산, 철마산, 만월산, 관모산, 문학산
- 수변축 : 연안수변~영종수변~경인 아라뱃길~강화수변

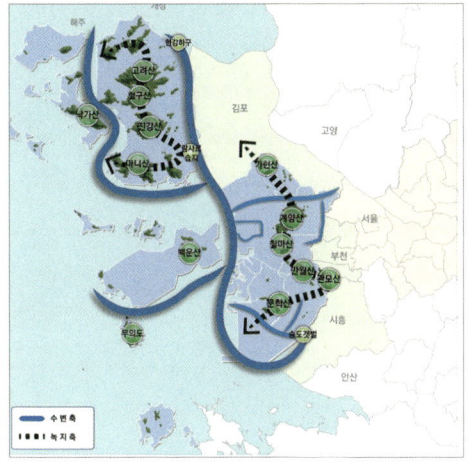

인천시 보전축

2. 2030 인천도시기본계획 생활권역별 발전 전략

중부생활권

발전 전략

- 개항역사문화 자원을 활용한 원도심 활성화
- 도시재생으로 새로운 도시환경 창출
- 지역 및 광역교통 연계체계 강화

세부 내용

- 도시재생을 통한 원도심 강화
- 개항창조도시 재생사업 추진
- 내항재개발 및 이전적지의 친수공간 조정
- 차이나타운, 월미도, 연안부두 일원의 활성화
- 경제활성화 및 소득기반 강화
- 도화지구 도시재생사업 시행

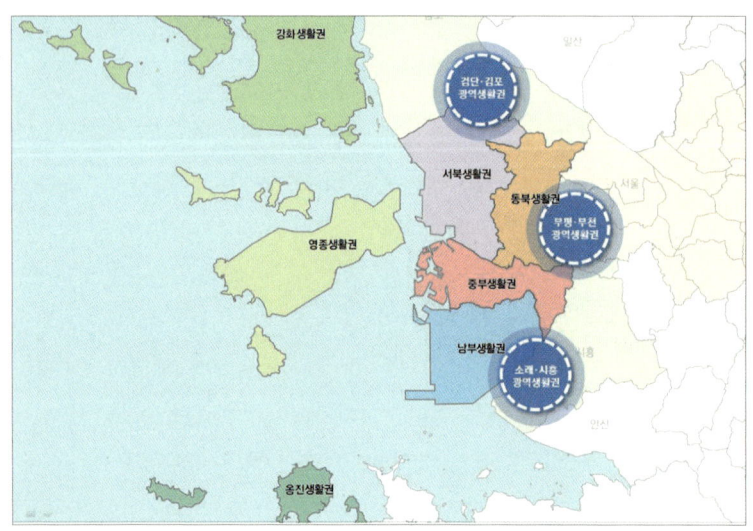

인천시 생활권역별 발전전략

- 인천터미널 복합단지 개발
- 인방사 이전적지 관광기능 활성화
- 주안국가산업단지 구조고도화
- 경인고속도로 일반도로화 및 주변지역 정비
• 주거지 개발 및 정비
- 용현학익 도시개발사업
- 주안2·4동 재정비촉진지구
- 서창2 보금자리지구
• 지역 및 광역교통체계 강화
- 인천발 KTX 노선신설(수인선 연계)
- 수도권 광역급행철도 신설〔서울 강남(예정) 연계〕
- 제2공항철도 신설(KTX 연계)

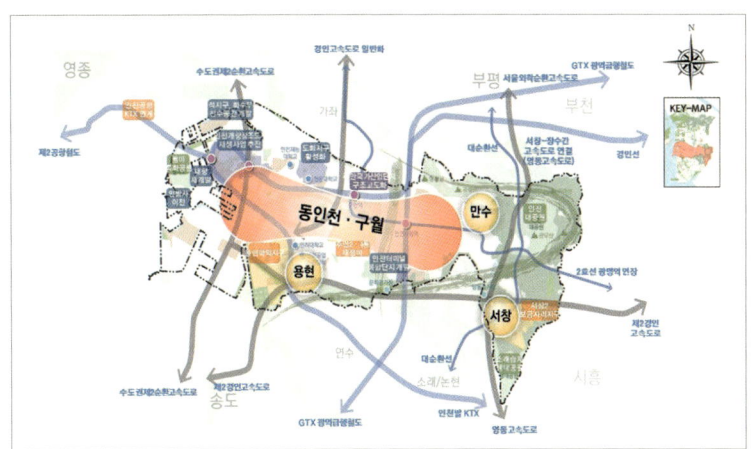

인천시 중부생활권 발전전략도

- 서창~장수간 고속도로 건설(영동고속도로 연계)
- 수도권 제2순환고속도로 건설(수도권 연계)

남부생활권(소래 · 시흥 광역생활권)

발전 전략

- 산업 간 융 · 복합 통한 국제경쟁력 강화
- 광역교통망을 활용한 관광거점 육성
- 소래 · 시흥 광역생활권의 중심지

세부 내용

- 지역특성을 활용한 지역경쟁력 강화
- 남동국가산업단지 구조고도화
- 소프트웨어 융합 클러스터 조성
- 송도유원지의 적극적 활용

- 차별화된 광역관광거점 육성
  - 소래포구 일원의 관광특구 지정
  - 국제여객터미널 건설 및 크루즈항 추진
  - 송도워터프런트의 친수공간 조성
- 지역 및 광역교통체계 구축
  - 인천발 KTX 노선 신설(수인선)
  - 수도권 광역급행철도 연계
  - 도시철도 1호선 연장(남항 국제여객터미널)
  - 인천남외항 인입철도 노선 신설(송도~광명)
  - 수도권 제2순환고속도로 개통(송도~안산)
- 소래 · 시흥 광역생활권 육성

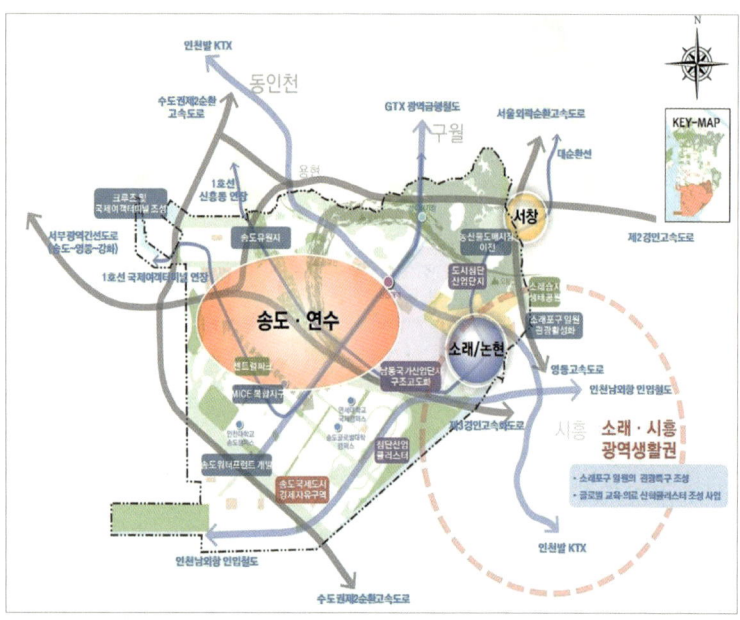

인천시 남부생활권 발전전략도

- 소래~월곶 일원의 상권 및 생활권 연계
- 수인선과 인천발 KTX 중심의 교통체계 구축
- 외국인 대상 복지 및 지원시설 강화

동북생활권(부평 · 부천 광역생활권)

발전 전략
- 역사 · 문화 · 관광벨트 조성(경인 아라뱃길~계양산~부평)
- 산업단지 구조고도화 및 첨단산업 유치 강화
- 부평 · 부천 광역생활권 도시기능 연계

세부 내용
- 역사 · 문화 · 관광자원의 활성화
- 경인 아라뱃길 친수공간의 관광자원화
- 계양산 일원의 광역관광 강화
- 소득기반 및 지역경쟁력 강화
- 부평 국가산업단지 구조고도화
- 서운 첨단산업단지 및 청천농장 정비로 소득기반 창출
- 경인고속도로 일원의 첨단산업 · 연구기능 육성
- 지역특성화를 고려한 도시개발 · 정비 추진
- 부평미군기지 이전적지의 특화공원 등 활용
- 경찰학교 이전부지 활용
- 지역 및 광역교통체계 강화
- 서울지하철 7호선 연장
- 도시철도 1호선 연장(계양~검단)
- 수도권 광역급행철도 연계
- 경인고속도로 지하화 및 첨단산업 벨트 육성

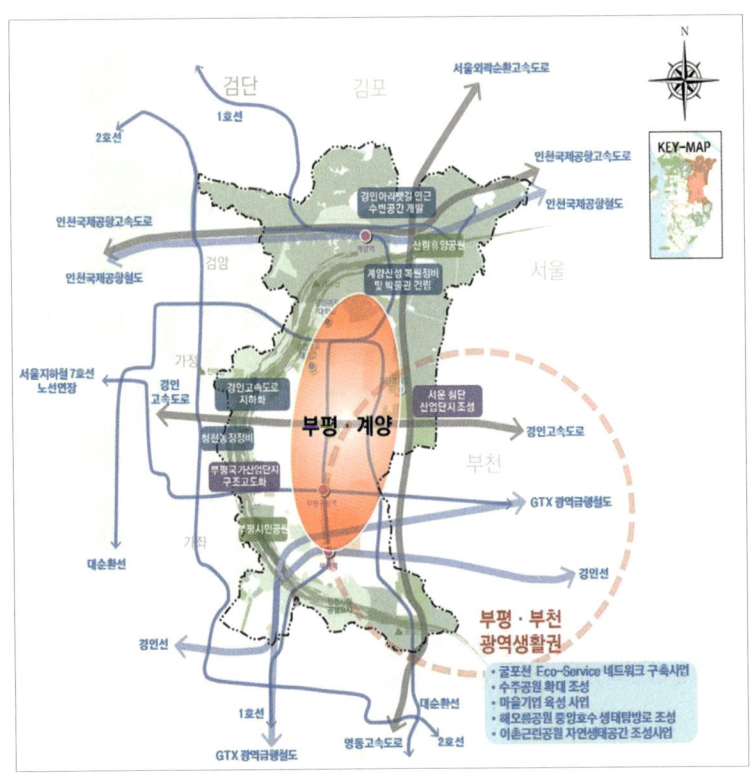

인천시 동북생활권 발전전략도

- 서울외곽순환고속도로 지상도로 건설
- 부평·부천 광역생활권 중심기능 강화
- 부천 서부권과 연계한 광역생활권 형성
- 부평~부천 도시재생축 연계 강화
- 굴포천 Eco Service 사업 등 광역협력사업 추진

서북생활권(검단·김포 광역생활권)

발전 전략

- 수도권매립지 및 경인 아라뱃길 관광기능 강화
- 루원시티의 지역중심기능 강화
- 검단·김포 광역생활권 도시기능 강화

세부 내용
- 지역 고유자산을 활용한 지역경제 활성화
- 수도권매립지 글로벌 테마파크 복합리조트 등 관광자원화
- 경인 아라뱃길 친수공간 관광자원화

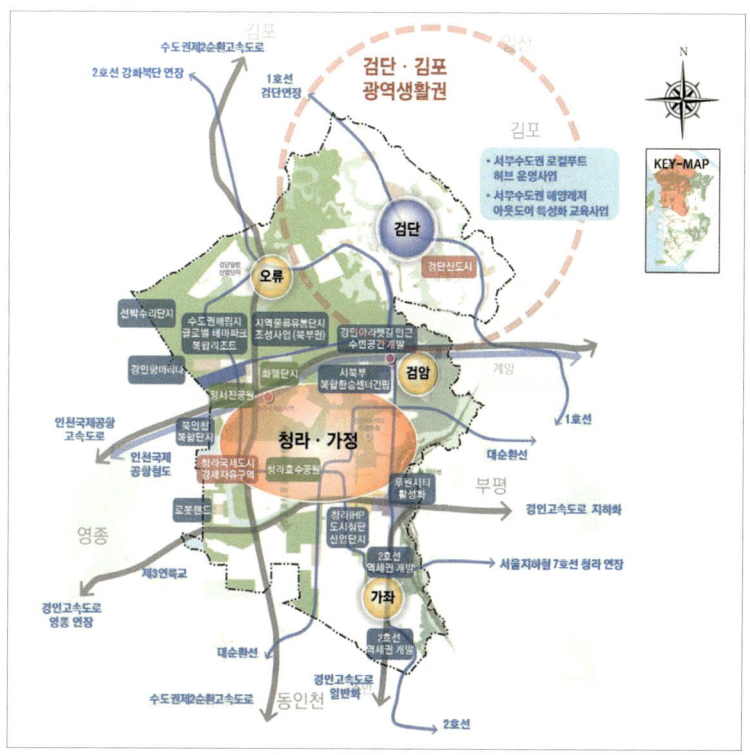

인천시 서북생활권 발전전략도

- 도시기능 강화
- 지역물류유통단지 조성사업(북부권)
- 루원시티 도시개발사업 및 도시기능 강화
- 서북부 복합환승센터 건립(검암역세권 개발)
- 지역 및 광역교통체계 강화
- 도시철도 1호선 연장(강화·김포)
- 도시철도 2호선 연장(강화·김포)
- 서울지하철 7호선 연장
- 서울지하철 9호선 연장
- 수도권 제2순환고속도로 건설
- 경인고속도로 지하화 및 영종 연장
- 경인고속도로 일반화
- 검단·김포 광역생활권 기능 강화
- 검단~김포를 연계하는 광역생활권 기능 강화
- 도시철도 1·2호선 연장으로 대중교통체계 강화
- 서부수도권 로컬푸드 허브운영사업 및 아웃도어 특성화 교육사업 등 광역협력사업 추진

영종생활권

발전 전략
- 공항 중심의 융·복합 관광산업 육성
- 국제항공 물류중심지 활성화
- 항공산업 육성으로 성장기반 마련

세부 내용

- 공항을 활용한 관광산업고부가가치화
- 미단시티카지노 복합리조트 개발
- 용유 · 무의 중심의 해양레저관광 육성
- 해양문화 · 관광 · 레저산업 육성
- 한상드림아일랜드 등 테마파크 조성
- 북도면 일원의 복합관광도시 조성 등
- 친수공간 활성화(Sea Side Park)
- 국제공항 물류중심지 및 항공산업 육성
- 인천공항 확장(제2터미널 등)
- 공항 물류단지 개발
- 항공산업 클러스터 조성
- 지역 및 광역교통체계 강화
- 제2공항철도 신설(KTX 연계)

인천시 영종생활권 발전전략도

- 제3경인고속화도로(광명역 연계)
- 경인고속도로 영종 연장(제3연륙교)
- 연도교 건설(모도~장봉, 잠진~무의)

강화생활권

발전 전략

- 고유역사 · 문화자원의 관광자원화
- 강화 지역의 고유자산을 활용한 관광콘텐츠 개발
- 역경제 및 남북경협 활성화를 위한 인프라 확충

세부 내용

- 고유역사 · 문화자원의 보전 및 활용

인천시 강화생활권 발전전략도

- 고인돌역사문화, 교동역사문화관광지 등
- 다양한 테마마을 조성으로 소득기반 창출 : 실향민마을(교동면), 강화산성 서문안마을, 온천테마마을(삼산면), 귀농인마을 등
- 휴양·레저 관광기능 강화
- '말' 이용 레저스포츠단지
- 삼산 복합휴양단지(온천)
- 화도해변관광지
- 길상레저단지
- 지역특화산업 발굴 및 육성
- 강화식문화 예술단지
- 서도 에코아일랜드 등
- 남북경협 등 통일기반 조성
- 강화 일반산업단지
- 교동 평화산업단지
- 강화~해주 간 고속도로 건설
- 지역 및 광역교통체계 구축
- 도시철도 2호선 연장(강화·김포)
- 서부광역간선도로 및 광역철도 건설(영종~강화)
- 삼산~김포 간 도로 건설

옹진생활권

발전 전략
- 섬을 활용한 특화관광 육성
- 도서지역 접근체계 강화
- 도서 간 네트워크 발전 육성

세부 내용

- 차별화된 휴양·레저 관광 육성
  - 영흥 십리포 휴양단지
  - 영흥 장경리 휴양단지
  - 서포리 관광지
  - 덕적 그린아일랜드
  - 두무진 관광자원 활성화
  - 백령 솔개공구 관광단지
  - 대청도 관광자원 개발
- 수상교통 네트워크 다양화

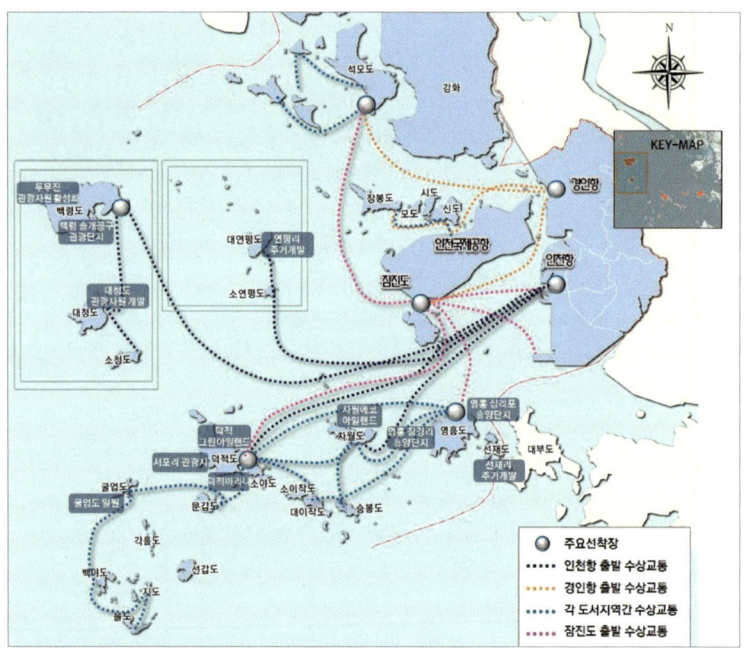

인천시 옹진생활권 발전전략도

- 도서 간 수상교통 노선 다양화
- 여객선 운항 회수 확대
- 아라뱃길을 활용한 수상교통 확충
- 덕적도 중심의 지역 교통망 강화
  • 도서 간 연륙교 및 연도교 건설
- 1단계(단기)

  모로~장봉도, 소이작~대이작~승봉도

  덕적~소야도, 볼음~아차~주문도
- 2단계(장기)

  대연평~소연평도

  덕적~굴업도, 덕적~문갑도

3. 주목할 인천광역시 주요 프로젝트

송도국제화복합단지

- 개요 : 해외 대학 및 기업과 연계 가능한 R&D 복합 클러스터를 조성하여 세계 유수의 대학과 산업체, 연구기관이 함께 참여하는 국제화 복합단지.
- 위치 : 송도지구 7공구 일원
- 규모 : 1,416,713.6㎡
- 사업기간 : 2008년~2020년
- 사업내용 : 국제학술 연구 클러스터 단지 조성
- 총사업비 : 27,500억 원
- 시행사 : 인천광역시, 송도국제화복합단지개발(주)

첨단산업클러스터(B)

- 개요 : IT · BT · NT 기술융합의 산업기능 집적화, 국내외 연계를 통한 산 · 학 · 연 시너지 효과가 극대화 목표.
- 위치 : 송도지구 5 · 7공구 일원
- 규모 : 3,541,285.3㎡
- 사업기간 : 2008년~2020년
- 사업내용 : 대학 및 연구시설 클러스터 조성
- 총사업비 : 4,376억 원
- 시행사 : 인천광역시

신항물류단지 개발

- 위치 : 송도지구 10공구 전면해상
- 규모 : 9,911,655.0㎡
- 사업기간 : 2013년~2020년
- 사업내용 : 부두 29선석, 항만배후단지 6,192,000㎡
- 총사업비 : 5조 4,735억 원
- 시행사 : 해양수산부, 인천항만공사

영종하늘도시

- 개요 : 동북아 허브공항인 인천국제공항 배후에 주거 · 산업 · 업무 · 관광 기능의 복합도시 개발사업.
- 위치 : 인천광역시 중구 운서 · 운남 · 운북 · 중산동 일원
- 규모 : 19.3㎢[1단계(2012년) 6.0㎢, 2-1단계(2014년) 0.2㎢, 2-2단계(2016년) 9.4㎢, 3단계(2020년) 3.7㎢)]
- 주요시설 : 산업물류시설, 외국인학교, 외국인의료시설, 외국인투자유치

용지, 문화 및 업무시설, 관광휴게 및 숙박 시설
- 사업기간 : 2003년 8월~2020년 12월
- 총사업비 : 82,121억 원
- 시행사 : 한국토지주택공사, 인천도시공사

미단시티
- 개요 : 한국경제자유구역 최초로 국제공모를 통하여 추진되고 있는 사업. 외국투자사 홍콩 화상 Lippo Limited와 미국 Koam사 및 국내 기관, 건설, 금융사들이 사업에 참여하여 개발하고 있는 리조트시티로서 미단시티는 리포&시저스 카지노를 중심으로 세계적인 복합리조트를 목표로 건설하고 있음.
- 위치 : 영종지구 북동쪽 예단포 일원
- 도시규모 : 2,710,342.4㎡(약 82만 평)
- 개발기간 : 2006년~2020년
- 사업비 : 약 9,357억 원(SPC 설립, 기반시설 조성, 생태공원)
- 사업시행 : 미단시티개발(주), 인천도시공사 공동

용유 · 무의 개발사업
- 개요 : 용유 · 무의 지역의 우수한 입지와 자연환경을 활용한 국제적인 관광 · 레저형 해양 관광단지 조성.
- 사업위치 : 중구 을왕, 남북, 덕교, 무의동 일원
- 사업지구 : 7개 지구(사업완료 2, 인천시 1, 도시공사 1, 민간 3)
- 사업면적 : 3.646㎢
- 사업기간 : 2014년~2022년
- 사업비 : 2조 5,601억 원

영종 Aviation Cluster

- 개요 : 동북아 허브공항인 인천국제공항과 탄탄한 IT 기술력을 바탕으로 항공 MRO산업 및 항공훈련센터 등 항공 및 우주 분야 전문산업기지로 개발. 세계적인 엔진제작사 미국 UTC사와 대한항공이 합작하여 항공엔진정비센터가 조성되고, 세계 최대 항공기 제조사인 미국 보잉사가 아시아 최대 규모의 운항훈련센터를 건립하고 있음.
- 위치 : 인천시 중구 운북동 일원
- 규모 : 494,849㎡
- 사업기간 : 2008년~2020년
- 사업분야 : 항공운항훈련센터, 항공 MRO 산업, 우주항공, 위성 및 국방 관련 산업

신세계복합쇼핑몰

- 위치 : 청라국제도시 2BL 일원
- 규모 : 165천㎡
- 총사업비 : 4,000억 원
- 사업기간 : 2013년~2021년
- 사업내용 : 위락, 쇼핑, 문화, 레저공간을 갖춘 복합쇼핑몰
- 사업시행사 : (주)신세계투자개발

친환경복합단지

- 위치 : 청라국제도시 북단 일원
- 규모 : 419천㎡
- 총사업비 : 1,110억 원
- 사업기간 : 2011년~2019년

- 사업내용 : 화훼유통센터, 화훼전시, 도매센터, 박물관, 첨단 R&D센터, 숙박 등 친환경복합단지
- 사업시행사 : 한국농어촌공사

청라의료복합타운 조성
- 위치 : 청라국제도시 투자유치용지 2블럭
- 사업기간 : 2014년~2020년
- 규모 : 26만㎡
- 총사업비 : 5,000억 원(1단계 병원사업)
- 주요시설 : 준종합병원, 전문병원, 의과전문대학, 제약회사, 의료관련 연구소, 메디텔
- 사업주체 : 차병원그룹, 외국투자자

수도권 최초 식품산업전문단지 "I-Food Park" 조성사업
- 위치 : 서구 금곡동 일원
- 규모 : 261,700㎡
- 유치업종 : 식료품 제조업, 창고 및 운송관련 서비스업
- 2018년까지 조성 예정.

수도권 광역급행철도(GTX-B) 건설
- 인천~서울 간 출·퇴근 시간 등 이동시간을 획기적으로 단축.
- 서울 경유 수도권·경기북부 광역교통망 확충.
- 사업기간 : 2016년~2025년
- 사업구간 : 송도국제도시~서울 청량리~경기 마석
- 사업규모 : L=80.08㎞, 정거장 13개소, 차량기지 1개소

- 사업비 : 5조 9,038억 원
- 인천(송도)~서울(청량리) 간 통행시간이 100분대에서 20분대로 단축되어 교통편의를 획기적으로 개선.
- 수도권 광역교통체계 구축을 통해 장거리 통행수요 대처 및 수도권 글로벌 경쟁력 강화.

인천도시철도 1호선 검단 연장

- 인천 검단 신도시 조성에 따른 광역교통시설 기반 구축
- 도시철도망 네트워크 강화로 지역발전 도모 및 교통편의 증진
- 사업개요
- 사업기간 : 2017년~2024년
- 사업구간 : 계양역(인천1호선)~검단 신도시
- 사업규모 : 연장 6.9㎞, 정거장 3개소
- 사업비 : 7,277억 원(검단신도시사업시행자 6,557억 원, 인천시 720억 원)

5년 안에 나도 건물주

초판 1쇄 인쇄 | 2018년 6월 5일
초판 1쇄 발행 | 2018년 6월 13일

지은이 | 김순길
펴낸이 | 신민식

편집인 | 최연순
편집 | 이홍림

펴낸곳 | 가디언
출판등록 | 제2010-000113호
주소 | 서울시 마포구 토정로 222 한국출판콘텐츠센터 319호
전화 | 02-332-4103
팩스 | 02-332-4111
이메일 | gadian7@naver.com
홈페이지 | www.sirubooks.com
인쇄·제본 | 상지사

ISBN | 979-11-89159-02-3 (13320)

* 책값은 뒤표지에 적혀 있습니다.
* 잘못된 책은 구입처에서 바꿔 드립니다.
* 이 책의 전부 또는 일부 내용을 재사용하려면 사전에 가디언의 동의를 받아야 합니다.

이 도서의 국립중앙도서관 출판예정도서목록(CIP)은 서지정보유통지원시스템 홈페이지 (http://seoji.nl.go.kr)와 국가자료공동목록시스템(http://www.nl.go.kr/kolisnet)에서 이용하실 수 있습니다.(CIP제어번호: CIP2018015914)